JN408746

요리하는 남자들

전미야 칼럼집

요리하는 남자들

도서
출판 해 암

작가의 말

가끔 이런 저런 세상일들을 접하다 보면 그것이 비록 나와는 거리가 멀거나 상관 없는 일일지라도 "어쩜"하며 이맛살을 찌푸릴 때가 있습니다. 각박하고도 복잡하며 또한 어떻게 보면 진부하기조차 한 이 현실, 그러면서도 진실을 찾아보기 힘든 오늘을 살면서 그런 일들을 접할 때면 잃어버린 인간미가 되살아나 저마다의 가슴이 따뜻해졌으면 하는 생각을 하게 됩니다.

끊임없이 변화하는 세태에 거기 적응하며 살아내기에도 벅찬 시대입니다. 그럴 때면 무엇인지 모를 갈증을 느껴왔고, 그 갈증에 한 모금 목을 축이듯 글을 써 왔습니다.

여기 모아 엮어내는 글들은 그동안 그렇게 써서 발표해온 것들입니다. 어떻게 보면 우리들이 살아낸 시간들에 대한 기록이라고도 할 수 있겠습니다. 그때그때의 세상사와 비록 짧은 동안일지라도 그 시절 우리를 울리며 가슴을 훑고 지났던 일들을 포착해 내려 했으니까요.

때문에 시간이 지나 그 어떤 유효성도 조금은 상쇄됐을지 모르지만 그러나, 지난 시간들에 대한 기억들에는 원근법이 없습니다. 따라서 지금도 가슴을 열어 꺼내면 화르락 되살아나곤 합니다.

바로 그런 기억들입니다. 이 칼럼집 '요리하는 남자들' 이 그 누군가의 가슴에서 원근법 없이 살아나기를 소망해 봅니다.

2015년 늦가을 햇귀가스리에서

多仁 전 미 야

| 차 례 |

Ⅱ

작은 것에의 분노

Ⅲ

꼴찌들을 기억하며

Ⅳ

문명의 공포

V

그녀에게 보내는 갈채

I

꽃을 먹다

미국 와이오밍주 옐로스톤 노리스 간헐천 지대
(Norris Geyser Basin)

꽃을 먹다

봄이 오는가 하던 게 엊그제인 듯싶은데 세월 빨라 어느덧 아카시아 꽃이 한창일 때이다.

아카시아. 이름만 들어도 탐스럽게 주렁주렁 매달린 하얀 꽃송이들이 눈앞에 그려지고, 금세라도 그 진한 향기가 맡아질 듯만 하다. 어느 산자락 아래 조그만 마을을 휘두른 아카시아 숲에 하얗게 꽃 피어 향기 진동하면 하루 종일 그것에 취해 지내게 되고, 밤이면 더욱 짙어져 무엇인가 견딜 수 없어질 것 같지 않은가.

그래서일까. 마을 처녀가 아카시아 향기 짙게 퍼지는 오월의 밤에 보따리 하나 달랑 챙겨들고서 몰래 사랑을 따라나서는 어느 소설의 한 장면이 떠오른다. 그리고 또한 우리 귀에 익숙한 '과수원길' 이라는 동요가 절로 흥얼거려지기도 한다.

그처럼 아름답고 다분히 동화적이며 우리와 친숙한 아카시아이지만 실은 우리 민족에게는 아픈 사연이 얽혀 있다는 것을 아는 사람은 그리 많지 않은 것 같다.

그 아픈 사연이라는 것은 일제시대로 거슬러 올라간다. 송진 붙은 관솔까지 공출이라 하여 쓸어갔던 일제의 그 수탈에 의해 우리의 산림은 황폐해져 버렸다. 그 황폐화시킨 산림을 대신하기 위한 것이 바로 아카시아이다.

사실 아카시아 나무는 아무 쓸모 없는 수종樹種이다. 쓸모가 없는 정도만이 아니라 오히려 다른 나무의 생장을 저해하는 수종인 것이다. 그러니까 재목으로 쓸 만한 나무들을 모조리 베어내 수탈해 가고, 이 땅에 그저 번식력이 강하고 빨리 자라기만 하는 아카시아를 심고 씨 뿌렸던 것이다.

그것은 해방이 되고 나서도 얼마 동안은 마찬가지였다. 이미 황폐해진 산림 복원은 요원한데 한국전쟁을 거치게 되고, 그러다 보니 당장의 황폐와 산사태 등의 자연재해를 막기 위해 아카시아 숲을 그대로 놔둘 수밖에 없었다.

그러다가 국가적으로 산림녹화사업이 진행되면서 부분적으로나마 다른 나무들의 생장을 저해하는 아카시아 나무들을 캐내게 되고, 점차 수종개량도 이루어지면서 오늘에 이르게 되었던 것이다.

그럼에도 불구하고 아카시아는 아이러니컬하게도 우리나라 각지 어디서나 쉽게 볼 수 있다는 것과, 그 꽃 모양과 짙은 향기로 해서 우리에게 아련한 추억을 불러일으키며 동심에 젖게 만든다. 비록 목재 따위로는 쓸 만한 가치가 없는 수종일지라도 밀원蜜源을 제공하기도 하는 그 꽃에 얽힌 추억은 대부분의 사람들이 공통적으로 가지고 있다.

시골에서 자란 사람들이라면 언덕이나 산기슭에 주렁주렁 열리듯이 하얗게 핀 아카시아 꽃을 따서 먹었던 기억들을 가지고 있을 것이다. 그러면 입 안 가득 번지는 달짝지근한 맛과 향기에 얼굴이 환하게 벙그러져 열리곤 했다. 그뿐만 아니라 어머니들은 소쿠리를 가지고 나와 그 꽃을 따서 쌀가루와 섞어 시루에 쪄 떡을 만들기도 했다. 그 떡에서 느껴지던 아카시아 꽃 맛과 향기. 초여름으로 넘어가는 햇살 아래서 그 떡을 베어 물다 보면 맛도 맛이지만 꽃을 먹는다는 그 사실에 우리의 몸이 꽃물 들고 꽃향기도 날 것 같곤 했었다.

그렇게 우리가 먹었던 꽃은 아카시아만이 아니다. 예전에 시골 동네 우물가에나 개울가 언덕 등에 노랗게 피던 골담초 꽃도 아이들이 곧잘 따먹는 꽃이었을 뿐만 아니라 역시도 아카시아 꽃처럼 떡의 재료로 쓰이곤 했다. 하얀 행주치마 두르고 개울가 언덕에 올라 조그만 바구니에 그 꽃을 따 담던 갓 시집온 새댁은 그렇게 두고 온 친정집 식구들에 대한 그리움을 따 담지 않았겠는가.

그러고 보면 우리는 아주 오랜 예전부터 꽃을 먹어왔다. 볕이 화사한 봄날이면 온 산을 붉게 물들이던 진달래꽃을 따다가 화전을 부쳐 먹고, 두견주를 담가 먹기도 했다. 그것은 단순히 행위적으로 꽃을 먹는 게 아니라 풍류와 멋스러움을 먹는 것일 터이다.

최근에는 아카시아 꽃이나 진달래꽃과 같은 자연 상태의 꽃만이 아니라 꽃을 재배해 먹는다고 한다. 기업적으로 혹은 상업적으로 재

배를 하고 거래를 한다는 것이 꽃이 주는 이미지에서 약간 비껴가는 것도 같지만, 아무튼 꽃을 먹는다는 그 사실은 마음을 활짝 여는 것이지 않을까? 화전을 만들어 먹고, 꽃비빔밥을 해먹다 보면 절로 웃음소리가 시끄럽게 쏟아질 것이다.

오늘은 그런 화전이고 꽃비빔밥이 아니더라도 밥 한 술에 조그만 꽃잎 한 장 얹어 먹어 보는 게 어떨까? 봄이 가고 있다.

≪2015. 5. 18. 서부 경남 인터넷뉴스≫

요리하는 남자들

요즘 직장에 다니는 기혼여성들 사이에서 퇴근 시간에 곧잘 들을 수 있는 말 중 하나는 집에 가면 아무개가 나오는 TV 요리 프로그램을 보아야 한다는 것이다. 간혹 인기 있는 드라마 따위가 직장인들의 귀가 시간을 재촉하곤 하는데, 말하자면 그 요리 프로그램이 특히나 기혼의 직장 여성들 사이에 인기가 높다는 이야기인 것이다.

그것은 바로 어느 남자 요리사가 나와 손쉬운 요리를 선보이는 프로그램이다. 언제부터인가 그 남자 요리사는 TV에 자주 등장하면서 인기를 끌며 자신의 주가를 올리기 시작했다.

그는 다양한 계층의 사람들에게, 요리와는 별 상관없는 사람들에게까지도 인기가 있는 모양인데, 그 가운데서도 기혼의 직장 여성들에게 인기가 많은 것은 이 여성들이 요리에는 뭔가 취약점이 있는데다가 그렇다고 요리를 멀리할 수도 없는 입장에 있기 때문인 것 같다.

다시 말해 직장에서 근무를 하다가 퇴근해 집으로 돌아가면 주부로써의 일을 해야 되는데 직장생활을 하느라 그렇지 않은 여성들에 비해 상대적으로 요리를 배우고 익히는 데에 시간과 기회가 많지 않아 늘 신경이 쓰였을 터인데, 마침 이 요리사가 나와 선보이는 것들이 가려운 데를 긁어 주는 격이 되었던 것이다. 더군다나 그는 요리사라면 으레 그러듯 값비싸고 진기하거나 특별한 것을 들고 나오는 게 아니라 가정에서 손쉽게 해먹을 수 있는 요리들을 선보임으로써 많은 사람들의 호응도를 높이고 있으니 말이다.

그렇듯 요리로 인기를 끌고 있는 사람이 이 요리사만은 아니다. 각각의 방송에는 여러 요리 프로그램들이 생겨나고 또한 여러 요리사들이 나와 호응을 얻고 있다. 그런가 하면 어느 남자 배우는 요리 프로그램이 아닌 예능 프로그램에 나와 주부 못지않은 요리솜씨를 선보여 인기를 끌기도 했다.

그런데 인기를 끄는 그 대부분은 여성이 아니라 남성들이다. 물론 남성을 여성의 영역이라 할 요리에 결부시킴으로써 역설적으로 관심도가 높아지고 흥미를 유발시키는 효과가 높아진 측면도 없지는 않겠지만 꼭 그렇지만도 않은 것 같다. 예전에는 일반적으로 요리라고 하면 여자가 하는 것을 당연히 여기고 여자를 떠올리게 마련이었지만 요즈음에는 남자들도 요리에 관심이 많고 요리를 하는 남자들도 많아졌다. 남자가 앞치마를 두르고 주방에 들어가 아내와 함께 요리를 하거나, 일 보러 나간 아내 대신 요리를 만들어 놓고 기다리거나 아이들에게 음식을 만들어 먹이는 것은 흔히 볼 수 있는 풍경이 되었다.

옛날 같으면 생각지도 못할 일 아닌가? 식욕은 그 무엇보다도 가장 우선순위에 놓이는 인간의 기본적인 욕구이다. 인간뿐만이 아니라 모든 동물도 마찬가지이고, 더 넓게는 생물이면 다 그렇다고 할 수 있을 것이다. 살기 위해 먹고, 먹기 위해 산다. 말하자면 사는 것과 먹는 것은 동급인 것이다. 우리는 동방예의지국이라서인지는 모르지만 의식주衣食住라 해서 벌거벗은 몸을 가리는 옷衣을 맨 앞에 두었다. 중국에서는 식의주食衣住라고 표현해 먹는 것을 앞에 둔다. 어느 것을 앞에 두고 중요하게 여기는가는 문화와 의식의 차이에 따라 다르겠지만 근본적으로 보면 먹는 게 먼저가 아닐까? 먹는 것이야말로 생명에 직결되니 말이다.

그런데도 우리는 남자가 부엌에 들어가면 안 되는 것으로 여기고, 무엇이 떨어진다고 해서 큰일이라도 나는 것처럼 생각해 왔었다. 여자가 없으면 쫄쫄 굶을지언정 부엌에는 들어가지 않는 것을 당연시 했고, 라면 하나 끓이지 못하는 것을 자랑으로 여기기까지 했다.

그게 그리 오래지 않은 날들의 일이었다. 그리고 지금 역시도 그런 남자들이 생각 외로 많다. 그럼에도 이제는 일반적인 인식 자체부터 예전과는 달라진 모습을 보인다. 그 구성원이 과거와 같지 않은 가족 형태에서 비롯되는 것이기도 하겠지만 의식이 많이 바뀌어서 남자가 주방에 들어가고, 앞치마를 두르고 설거지를 하거나 요리를 하는 모습이 전혀 이상하게 보이지 않는다.

그것만이 아니라 요리가 이제는 취미생활이 되기도 하고 더는 어떤 예술 활동처럼 여겨지기도 한다. 자기만의 독특한 무엇인가를 발견하고 그 행위를 함에 있어서 만족과 보람을 느낀다면 그것이야말로 예술이 아니겠는가. 그래서인지는 몰라도 요즈음은 요리를 배우는 남성들이 점점 더 늘어난다고 한다.

요리하는 남자들, TV 프로그램에서만이 아니라 우리 주변의 이야기다.

≪2015. 9. 21. 서부경남 인터넷뉴스≫

이 시대에 청백리는 없는가?

이번에 새로 임명된 국무총리가 재임기간 63일 만에 사퇴를 하게 되었다. 역대 국무총리 중 가장 짧은 재임기간의 기록이다. 그와 함께 성완종 사건으로 이름이 오르내리는 정치인들이 한두 명이 아니다. 이 일련의 사건들을 바라보노라면 국민의 한 사람으로서 그저 씁쓸하기만 하고 그런 한편으로는 허탈해지는 기분을 떨칠 수가 없다. 그리고 연일 이어지는 그와 관련된 뉴스를 접하다보면 그것과는 전혀 관계가 없음에도 불구하고 뭔지 모르게 최근 자신이 다니던 교회 헌금함을 통째로 훔쳐냈다가 검거되었다는 30대가 떠오르는 것은 무슨 이유에서일까? 그는 생활비가 없어 그와 같은 짓을 하게 되었다고 했다. 그런데 그 헌금함에는 고작 35만 원이 들어 있었다고.

이번의 국무총리뿐만이 아니다. 총리로 지명되고서도 각종 불미스러운 일들이 밝혀지면서 인사청문회조차 통과하지 못하고 낙마하는 경우도 벌써 여러 명이다. 설혹 인사청문회를 통과했다고 해도 아무런 무리 없이 통과된 예는 거의 없다. 이번 정권에서뿐만 아니라 과거 정권에서도 크게 다르지 않았다.

그 인사청문회에서 빠지지 않고 등장하는 게 지명자들에 얽힌 부정부패다. 부적절한 정치자금 수수, 불법 부동산 투기, 모종의 일을 꾀하기 위한 위장전입, 본인이나 자식들의 병역문제 등 헤아리기 어려울 정도이고 잡아당기면 고구마 줄기에 달린 고구마처럼 줄줄이 달려 나온다. 그리고 돈이 오간 이야기가 나오면 으레 차떼기라거나 사과상자 따위나 고액권 화폐가 나오고 나서는 음료수 상자 등이 등장하고 액수의 단위도 수천만 원에서 수억 원이라는 숫자가 초등학생 국어책 읽듯이 술술 흘러나온다. 우리 같은 일반서민으로는 생각하기도 힘든 액수인데 말이다.

그게 어디 인사청문회에서 뿐인가? 정치적 사건이 터졌다 하면 거의 대부분은 부정부패로 뒷돈이 오간 정황이 드러나기 마련인데 거기에는 어김없이 어마어마한 액수가 숫자놀음처럼 등장하곤 한다. 처음에는 자신만은 깨끗하다고 펄쩍 뛰고, 목숨까지 들먹이며 결백을 주장하고, 청렴을 표방해도 캐고 들어가면 구린 냄새가 나고, 결국에 가서는 자신마저도 코를 싸쥐고는 고개를 숙이게 된다.

일반 국민의 한 사람으로서 그런 것들을 접하게 되면 처음에는 분노를 하다가도 나중에는 허탈한 심경이 되곤 한다. 그리고 그 사람이 그 사람 아니겠냐며 정치인에게 가졌던 한 가닥의 기대마저 던져버리고는 어느새 체념을 하고 등을 돌리게 된다.

과연 우리 시대에 청백리는 없는가? 이쯤에서는 세계적인 청백리로 알려졌던 예전의 태국 방콕 시장이었던 잠롱이 떠오른다. 그리고 일반 소시민의 삶을 따뜻한 시선으로 그려냈던 미국 소설가 오 헨리의 단편소설 '크리스마스 선물'이 떠오르기도 한다.

청백리淸白吏는 이상적인 관료상을 말하는 것으로 조선시대 의정부議政府에서 관직 수행, 능력, 청렴, 근검, 도덕, 경효敬孝, 인의仁義 등의 덕목을 겸비한 관직자를 뽑아 주어지는 호칭이다. 그러니까 이미 오래 전부터 제시된 관료상인데 우리 시대에 청백리라 불러줄만 한 관료가 과연 몇이나 될까? 아니, 단 한 명이라도 있기나 한 것일까?

요즘은 경제가 어렵다는 이야기를 자주 듣게 된다. 이야기로만 듣는 게 아니라 직접 피부에 와 닿는다. 대형 마트는 물론 일반 상점에서도 매출이 오르지 않는다고 한다. 매출을 올리기 위해 각종 이벤트도 하고 여러 묘안을 짜내지만 사람들이 좀처럼 지갑을 열지 않는다고 울상이다. 사람들이 지갑을 열고, 매출이 오르고 해야 기업들도 사정이 나아지고, 경제도 원활해지겠지만 어디 지갑을 열고 싶지 않아 안 여는 것이겠는가? 그만큼 여유도 없을 뿐만 아니라 미래가 불확실하고 걱정이 되다 보니 자꾸만 닫을 수밖에.

그런가 하면 각종 생계형 범죄도 늘어나고 있다. 마트에서 식품 몇 개를 슬쩍해가지고 나오다가 걸리기도 하고, 생활비가 없어 교회의 헌금함이나 사찰의 불전함에 손을 댔다가 절도범으로 검거되기도 한다.

식당에서 일하는 한 아주머니는 하루 열 시간 이상씩 일을 해서 한 달에 백만 원 조금 넘게 받으면 그것으로 교통사고로 누운 남편과 자녀까지 어렵게 버텨나간다고 한다. 그런 사람이 어디 그 아주머니 하나뿐이겠는가? 취업을 못한 청년 실업자들은 어깨를 축 늘어뜨리고, 이렇게 저렇게 애를 써가며 하루하루 버텨 나가는 사람들도 부지기수이다.

그런 사람들에게 상자 따위로 뒷돈이 오가는 고위 관료나 정치인들 얘기는 그저 괴리감만 더할 뿐이다. 저들은 입만 열면 국민을 섬기겠다고 하지만 어디서도 진정성은 찾아볼 수가 없다. 자신들의 잔뜩 구린 뒤를 감추고 있으면서도 예술인들을 위하거나 문화 전반에 대한 정책 입안 및 예산책정에는 인색하기 짝이 없고, 사회적 약자나 그 밖의 사회 저변을 대상으로 한 복지예산 삭감에는 열을 올리고 있는 저들이다.

우리 시대의 청백리는 언제쯤이나 오려나? 이미 오래된 것이긴 하지만 오 헨리의 단편소설 '크리스마스 선물' 같은 이야기는 아직도 우리 사회에서 일어나고 있고, 그것은 당사자에게는 물론 듣는 이에게도 눈물이다.

≪2015. 4. 27. 서부경남 인터넷뉴스≫

사월에

누가 4월을 사월思月이라 했는가? 그저 음音을 따라 적은 것일 뿐이지만 참으로 적절한 표현이다 싶은 생각도 든다. 무엇인가를 생각하게 하고, 또한 무엇인가를 생각지 않으면 안 될 것 같은 사월…….

길을 나서면 천지 사방이 온통 햇빛으로 가득하다. 그 가득한 햇빛 속에 꽃들은 또 얼마나 화사한가. 벚꽃 목련꽃들은 가히 어지러울 지경이다. 어디 그뿐인가. 산과 들엔 진달래와 개나리가 만개하고, 시골 마을 주변에는 복숭아꽃, 살구꽃, 앵두꽃 등으로 둘러졌다. 동요에 나오는 대로 꽃 대궐을 차렸다.

그런데 어지러울 정도로 화사한 그 꽃들을 바라보노라면 왠지 슬픈 느낌이 들기도 하는 까닭은 무엇인가. 너무도 아름다워서 슬프다는 심리적 울림도 있겠지만 거기에 또 다른 이유도 보태지는 것 같다.

4월에 피는 꽃들은 대체적으로 잎보다 꽃이 먼저 핀다. 그렇기 때문에 더욱 화사해 보이고, 꽃이 피어 있는 기간도 매우 짧다. 잎들이 나올 때쯤이면 꽃들은 벌써 다 지고 한때의 화사함은 그저 아쉬운 기억으로만 남는다.

거기에는 자연의 섭리가 숨어 있다. 긴 겨울을 견뎌내고 가지에 물이 올라 꽃이 피기 시작하면 서둘러 수분受粉 하고는 꽃잎을 떨어낸 뒤 열매를 맺어 키우고 궁극적으로는 번식을 위한 씨앗을 만들어야 하는 것이다. 복숭아꽃 살구꽃이 그러하고, 앵두꽃이 그러하며, 벚꽃이나 목련꽃도 그에 다름 아니다.

그럼에도 그것을 바라보는 우리들은 그 화사함 속에서도 아릿한 슬픔 같은 것을 느낀다. 4월은 가장 잔인한 달이라고 미국의 시인 T. S. 엘리엇은 말했다. 그것은 4월에야 봄이 시작되는 그쪽의 계절적 변화에 따른 말이라 3월에 봄이 시작되는 우리와는 맞지 않지만 그럼에도 불구하고 뭔가 우리와 상통하는 면도 있고, 더욱이 우리의 근대사에서는 4월에 정치적 변수가 가장 많았고 여러 변고가 일어난 점에 비춰보면 묘하게 맞아떨어지기도 한다. 4·19 혁명이 그러하고, 또한 이제 일 주년이 되는 세월호 참사가 그러하다.

그렇잖아도 4월이면 우리 일반 백성들은 자연적인 면에서 화사함 속에 서러웠다. 이제 자라 오른 보리가 패려면 아직도 멀었는데, 그 곤궁함 속에 쏟아지는 햇빛과 불 댕기듯이 화르르 피어나던 화사한 꽃들은 어찌 서럽지 않았겠는가.

내가 어렸을 때만 하더라도 진달래를 꺾으러 산에 가려 하면 용천배기(문둥병자)가 제 병 나으려고 어린 아이들을 잡아 간을 내어 먹는다고 했다. 보릿고개와 맞물려 온 산을 붉게 물들이며 피어나는 진달래. 아이들은 배고픔을 잊기 위해 진달래꽃을 따먹다 보면 깊은 산속으로 들어가 길을 잃기도 하고, 아무리 따먹어도 더하기만 하는 허기에 지치거나, 빈속에 따먹은 진달래꽃의 독기에 취해 그 한나절 동안 어지럼병에 시달리는가 하면, 더러는 그 몽롱함 속에서 길을 잃고 헤매다 죽어가기도 했을 것이다.

그러니까 아이들이 진달래꽃의 유혹에 못 이겨 깊은 산속으로 들어가는 것을 막기 위해 그런 이야기를 지어냈을 테지만, 거기에 천형天刑 앓는 용천배기가 그 용천병病을 낫기 위해 어린 아이의 간을 내어 먹어야 한다는 설정은 진달래꽃의 붉은 빛깔과 절묘하게 맞아떨어진다. 어쩔 수 없이 어린 아이의 간을 내어 먹어야 하는 용천배기. 그것은 피를 토해도 모자랄, 천형 위에 다시 내려지는 형벌로 정한情恨의 정점이 아니겠는가.

그 4월에 이 땅에서는 자연적인 일이 아니라 정치적 사건인 4·19 학생 혁명이 일어났다. 정치적인 이유로 인해 '의거'로 불리다가 민주화가 되고 나서부터는 '혁명'으로 자리매김이 된 4·19 혁명. 그때 한창 피어나야 할 어린 학생들은 저 붉고 하얀 꽃잎들처럼 아스라이 산화散花하고 말았다. 그리고 좀 더 넓게 본다면 5·18 민주항쟁 역시 그 연장선상에 있지 아니한가.

그러한 것들이 정치적 사건이라면 이제 일주년을 맞게 되는 세월호 참사는 생각지도 못했던 뜻밖의 변고이다. 어른들의 욕심과 거기

더해진 무사안일로 빚어진 그 참사로 인해 단원고 한 학년의 많은 학생들이 목숨을 잃었고, 아직도 그 차가운 물속에서 가족의 품으로 돌아오지 못한 자가 수 명에 이른다.

그런 4월이다. 한창 피어나는가 싶다가 꽃잎처럼 떨어져 흩어져 버린 어린 생명들.

나선 길에 햇빛 가득하고 꽃들은 어지럽도록 화사하다. 그리고 그 위 허공으로 화사한 슬픔이 떠다니는 듯하다. 잎이 나면 그들에게 자리를 내주고 서둘러 떠나야 되는, 차마 게으름조차도 피우지 못할 그리 길지 않은 날들 동안 피었다가 떠나는 4월의 꽃들. 우리는 흩어져 떠난 그들을, 그것들을 기억하고 생각해야 한다. 4월은 사월思月이다.

≪2015. 4. 13. 서부경남 인터넷뉴스≫

사람은 무얼 먹고 사는가

어느덧 이월이 가고 삼월이다. 너무도 빠른 세월 앞에서는 그저 숙연해질 수밖에 없다. 그 시간 앞에서는 지나온 날들을 돌아보지 않을 수가 없는 것이다. 그럼에도 추운 겨울이 가고 봄이 시작된다는 사실에 마음이 어린 처녀애들처럼 부풀기도 한다.

따스한 햇볕이 지면을 덥혀 피어오르는 아지랑이와 살랑 불어오는 봄바람은 처녀애들 종아리를 간질이며 밖으로 불러낸다. 양지바른 곳에서 돋아나는 여리디 여린 새싹들과 바구니를 채우는 봄나물들. 들려오는 바람소리와 물소리와 새소리들. 요즈음 식으로 말하자면 다분히 자연친화적이다. 우리들은 그렇게 살아왔다. 특히 계절이 바뀔 때면 더욱더 자연에 감응하며 그 속으로 뛰어들었다.

근자에 아동학대가 사회문제로 대두되는 양상이다. 물론 아동학대가 어제 오늘에만 일어난 것은 아니지만 인천 어린이집 아동 폭행 사건이 보도된 이후 여기저기서 유사한 사건이 발생하여 여러 언론

매체를 타고 날아든다. 한두 번 보도되고 문제화되었으니 더 이상 없겠지 해도 또 터져 나오고, 잊힐 만하면 다시 이어져 사람들을 분노하게 만든다.

그런 보도를 보면서 어찌 어린 아이에게 저토록 심한 학대를 가할 수 있을까 아연하지 않을 수가 없었는데, 어느 날인가는 내 입에서 자신도 모르게 '저 사람들 도대체 무얼 먹기에 저렇게 사납지?' 하는 말이 튀어나왔다.

무얼 먹기에 사납지? 무심코 튀어나온 말이긴 하지만 곰곰 뇌어보니 전혀 근거 없지는 않다는 생각이 들었다. 즉 먹는 것에 따라 사람의 성격이 달라질 수도 있다는 얘기이다.

물론 아동학대 문제만이 아니다. 이웃 간의 다툼에서 발생하는 끔찍한 사건이나, 묻지 마 살인 같은 여러 사건들을 보면 사람들이 갈수록 포악해져 간다는 사실을 부인할 수가 없다.

그런저런 사건이 발생하고 사회문제로 확대되면 당국이나 언론은 대책마련이나, 수습책, 예방책 등을 쏟아내며 수선을 피운다. 물론 원인을 규명하고 사회적 차원의 대책을 마련하는 것은 필요한 일이다. 감시 카메라를 의무적으로 설치해 감시를 하고, 과도한 업무의 부담으로부터 해방시켜 주고, 처우를 개선해야 된다는 등 제시되는 해결책은 그 나름의 설득력을 지니고 있기는 하다.

하지만 그런다고 해결이 되겠는가. 물론 당장의 성과는 어느 정도 나타날 테고, 아니함 보다는 나을 것이다. 그렇지만 문제는 또 불거지고 사람들을 분노케 하는 일은 또 터져 나올 것이다. 감시 카메라가 능사는 아니라는 이야기이다. 그런 게 있다 해도 사각지대에서 벌어지는 일은 어쩔 것인가?

그런 대책도 있어야 하지만 보다 근본적인 접근이 필요하지 않을까? 힘없는 아동을 학대하고, 자기보다 약한 자들 위에 군림하며 위해를 가하는 것은 다른 무엇보다도 그 사람이 가지고 있는 심성 문제일 것이다. 도시의 삭막한 공간에서 이리 부딪치고 저리 채이다 보면 심성을 곱게 다스려 나가기는 어려울 것이다. 그리고 그 근저에는 먹거리가 사람의 심성에 영향을 끼치는 것은 주지의 사실일 터이다.

인간은 잡식성 동물이다. 지구상의 동물들 중 인간들처럼 여러 가지를 먹는 동물도 없을 것이다. 그것도 그냥 자연에서 주어지는 상태로만 먹는 것도 아니다. 서로 다른 종류를 합치고, 특정한 것만 뽑아내기도 하고, 이를 또 다양한 방법으로 조리해 먹는다. 어디 그뿐인가. 그것으로도 모자라 화학조미료를 만들어 미각세포의 쾌감을 극대화시켜 즐긴다.

그게 나쁘다는 것은 아니다. 그건 인간의 능력이고, 주어진 능력을 가지고 삶을 향유하는 것은 인간의 권리이기도 할 것이다. 다만 어느 쪽으로 치중하느냐에 따라 심성에 미치는 영향이 달라진다고 한다면 오늘날 발생하는 각종 사회문제의 근본적인 해결책으로서도 접근을 해야 하지 않을까 싶은 것이다.

다른 생명을 취해야 하는 육식동물은 사나울 수밖에 없다. 그건 그들의 본능이고 어쩔 수 없는 선택이다. 그러니까 다른 생명을 취할수록 본능적으로 사나워질 수밖에 없다. 물론 우리의 대부분은 직접적으로 다른 생명을 취하지는 않는다. 그렇지만 식생활에서 육식이 차지하는 비중은 갈수록 높아지고, 그러면서 간접적으로일망정 다른 생명을 취하다보니 자신도 모르는 사이 심성도 사납게 변해가는 것이 아니겠는가.

적어도 이 땅을 살아온 우리 선조들은 다른 생명을 취하는 수렵생활 보다는 농경생활에서 먹거리를 얻어왔다. 들판에 씨 뿌려 가꾸고 익어가는 곡식의 황금빛 물결을 바라보며 자연에 순응하는 삶을 배우고, 채소를 가꾸어 거두며 맡는 푸른 향기에 마음을 푸르게 물들일 줄 알았다. 어디 그뿐인가? 겨우내 잠들었던 대지에 봄볕이 쪼이고, 더워지는 지면에서 바람이 일어 종아리를 간질이면 처녀애들은 바구니를 끼고 들로 나가 파릇하게 올라오는 나물들을 뜯다가 이름 모를 작은 꽃 한 송이 발견하면 코끝에 대고 향내를 맡으며 그렇게 자연을 가슴에 품을 줄도 알았다.

지금 우리에게 필요한 것은 바로 그런 것들이지 않을까? 삭막한 도시생활에서 이리 부딪치고 저리 채는 것은 어쩔 수 없다 해도, 이 봄에는 적어도 주말을 이용해 조그만 바구니 하나 들고 들로 나가보면 어떨까. 식당에서 불판에 지글지글 굽는 고기를 씹고, 시간에 쫓겨 쏟아지는 각종 인스턴트식품들로 허겁지겁 배를 채우더라도 주말 하루쯤은 시간을 내어 손수 뜯어온 나물을 무치고, 그것도 아니라면 시장에서 노파들이 파는 푸성귀라도 한 줌 사다가 밥상에 올리며 그렇게 봄을, 자연을 먹는 것은 어떨까?

겨울이 가고 봄이 시작되었다. 다시 한 번 우리 자신을 살피고 새롭게 가꾸어 나가야 할 때다.

≪2015. 3. 2. 서부경남 인터넷뉴스≫

유서 쓰기

몇 년 전이던가. 항간에 유서 쓰기가 소소하게 번졌던 적이 있었다. 그것도 어떤 시류의 흐름을 탔으니 유행이었다 해도 무리는 아닐 것이다. 그처럼 사람들 사이에 입소문으로 퍼졌던 이유는 무엇이었을까? 그만큼 공감하는 부분이 있었다는 이야기가 아니겠는가.

유서 쓰기. 얼른 듣기에도 썩 유쾌한 단어는 아니다. 말 그대로의 풀이를 따르자면 유언장과 동의어로써 죽음에 이르러 남기는 말을 글로 적은 것이니 말이다. 그러니까 죽음을 전제로 하는 것이며, 곧 죽음에 이르렀음을 나타내는 것이기도 할 터이다. 거기다가 상황에 따라서는 자살을 하려는 게 아닌가 하는 오해를 낳을 소지도 있을 터이고 말이다.

그러나 달리 생각하면 그것처럼 자신을 돌아보게 하는 것도 없고, 그런 의미에서 보자면 자기 수양을 위한 더없이 좋은 방법이요 행위가 된다고 감히 말할 수 있을 것 같다.

사실 사람은 언제 어떻게 죽음을 맞이하게 될지 알 수가 없다. 자신의 죽음에 대해 정확한 일시를 알고서 사는 사람은 이 세상에 단 한 명도 없을 것이다. 모르기 때문에 살아간다는 말도 있기는 하지만, 병들고 허약하기만 하여 오래 못 살 것 같은 사람이 용케도 오래도록 살아남는가 하면, 멀쩡하던 사람이 뜻하지 않게도 하루 이틀 사이에 죽음의 소식으로 날아오기도 한다. 세상에서 장담할 수 없는 게 바로 사람의 목숨이 아닐까. 그런 걸 생각하면 '유서쓰기'란 것도 그렇게 멀게 느껴지지 않고, 항상 죽음을 생각하고 그걸 대비하며 살아야 하는 게 우리들이 아닌가 싶은 생각도 든다.

이야기가 나왔으니 말이지만 나도 한때 유서라는 걸 써놓았던 적이 있었다. 당시를 되살려본다는 게 그리 유쾌한 일은 아니지만 다름 아닌 내 삶이 피폐할 대로 피폐했던 때였다. 집을 나서는 길에서 만나는 한 줌 바람이 목을 휘감고 지나가면 눈물이 주르르 쏟아졌고, 그 눈으로 바라보게 되는 낙엽 한 장이 내 모습 같고는 했었다. 내 의지와는 상관없는 아주 작은 힘에도 등 떠밀리어 가다가는 끝내 흔적없이 사라지고 말지 싶고는 했었다. 내가 처해 있는 상황이 그러했다. 때문에라도 언제 어떻게 될지 모른다는 것은 결코 남의 이야기가 아니었고, 그리하여 때마침 '유서 쓰기'라는 말이 나돌아 그 '유서'라는 것을 쓰기에 이르렀던 것이다. 최소한 자식들에게는 어떤 당부의 말과 함께 어미로써 다하지 못한 미안한 마음은 표해야 되겠기에.

그렇게 작성한 그 유서를 책상 서랍에다 잘 보관해 두었다. 만약의 경우가 닥쳐와서 자식들이 내 유품을 정리하게 되면 쉽게 발견할 수 있도록. 그러면서 가끔씩 꺼내보며 생각을 다지기도 했고 부분적으로 수정을 하기도 했다. 그렇게 2년쯤 지났는데 뭔지 모르게 슬슬 심경의 변화가 왔다. 이게 무슨 소용일까 싶고 괜한 짓은 아닌가 싶은 생각도 들었던 것이다. 그리하여 결국 태워 없애버리고 말았다.

그런데 최근에 와서는 다시 유서를 쓰기에 이르게 되었다. 그걸 태워 없애버릴 때는 뭔지 모를 짐을 벗은 것 같이 홀가분하기도 했지만 그게 꼭 그렇지만도 않았던 것이다. 그리고 상황도 그때와는 많이 달라졌다. 피폐할 대로 피폐했던 그때는 절망적일 수밖에 없었지만 지금은 그렇지가 않다.

유서라는 것은 어떤 절박함을 담고 있게 마련이지만, 자살을 앞둔 상황이 아닌 이상 그것을 쓸 때는 자연스레 마음이 가다듬어지게 되면서 경건한 자세가 되지 않을 수가 없고, 때로는 비장해지기까지 한다. 그리고 그것은 또한 자신의 생을 돌아보는 행위이기도 하다. 어쩌면 구도행위求道行爲라고 해도 크게 무리는 없을 것이다.

내가 남겨야 될 말이 무엇인가? 나의 사후에 남게 될 가족들은 어떨까? 깊은 밤 백지 한 장 앞에 놓고 그런 생각들을 하노라면 지나온 나날들의 삶을 되돌아보게 된다. 그러면서 내 삶을 점검하게 되고, 남는 가족들이나 여타의 지인들에게 비쳐질 내 모습도 생각해 보게 된다. 그러다보면 얼마가 될지 모르지만 앞으로 남은 내 삶에 대해서도 겸허해지게 마련 아니겠는가.

관에 들어가 누워 보면서 죽음에 대해 생각해보는, 죽음 체험의 프로그램이라는 것도 있다. 천방지축 떠들던 아이들이 그 관에 들어가 누워보고 나올 때는 숙연해지는 모습으로 뭔가 달라지는 것을 볼 수가 있다. 그것은 아이들뿐만 아니라 어른들도 마찬가지다. 아직 내가 체험한 것은 아니지만 입관체험을 한다면 뭔가 많은 생각을 하게 되고 마음가짐 또한 달라지지 않겠는가.

그리고 또한 간혹 죽었다가 며칠 만에 깨어났다는 사람이나, 혹은 죽을 고비를 넘기고 어렵게 살아난 사람들에 대한 이야기를 접하기도 한다. 그런 사람들은 대개가 이전과는 확연히 달라진 모습을 보이기 마련이다. 가령 욕심이 많던 사람이 그 많던 욕심을 다 버리고 선을 베풀며 살게 되었다는 식이다. 그것은 죽음에 대한 그 극적인 체험이 사람을 변화시킨 까닭일 터인데, 자신도 모르는 사이에 구도행위를 학습한 결과랄 수 있을 것이다.

그러니까 유서를 쓴다는 것은 바로 그와 같은 구도행위를 스스로 만들어 체험하는 것인 셈이다. 책상 앞에 앉아 자신의 죽음을 상정해 놓고 남기고 싶은 말들을 적으려다 보면 지난 삶을 돌아보게 되고 남은 생에 대해서도 깊이 생각하게 되는 것 아닌가?

한결 따사로운 햇빛이 쏟아지고 바람 부드러운 봄날이다. 이럴 때 언제 소용에 닿을지는 알 수 없지만 '유서' 한 장 써두고 길을 나선다면 햇빛도 바람도 이제까지와는 다르게 보다 깊은 의미로 다가올 것이다. 그 속에서 오늘 하루 살아감이 더없이 감사할 것이고.

≪2015. 3. 23. 서부경남 인터넷뉴스≫

비둘기에 관한 소고小考

어느 소설가 한 분이 길고양이를 여러 마리나 데려다 기르고 있다고 한다. 그 분이 운영하는 블로그에 들어가 보면 그 길고양이들에 대한 이야기와 사진들이 올라와 있어 시간이 지남에 따라 변해가는 모습 등을 알 수가 있다.

어느 추운 겨울날의 밤늦은 귀가 길에 어디서 애처롭게 우는 고양이 소리가 들려 찾아보니 길가에 주차해 둔 커다란 차 밑에 어미를 잃은 새끼 고양이가 바들바들 떨고 있더라는 것. 어미가 나타나겠지 싶어 그냥 집으로 돌아왔지만 아무래도 어미가 나타날 가능성은 희박하다는 생각이 들고 그냥 놔둔다면 얼어 죽을 것 같아 아이들을 앞세우고 나가 그 새끼 고양이를 데리고 들어왔는데 살펴보니 이상이 있어 다음날 동물병원에 가 치료를 하고 나중에는 수술까지 시켜가며 기르게 되었다는 것.

그러니까 그 분이 집에서 기르는 다른 여러 마리의 고양이들도 그와 비슷한 경로로 들어오게 되었다는 이야기다.

헌데 그렇게 챙기는 건 고양이들만이 아니다. 언젠가부터 한두 마리씩 날아드는 비둘기들에게도 모이를 던져주다 보니 점점 더 많은 비둘기들이 날아들고, 나중에는 아예 일 삼아서 시간 맞춰가며 옥상에 올라가 모이를 주게 되었다는 것이다. 그렇게 모이를 주다보니 거기에 드는 비용도 만만찮게 소요되어 값이 덜 드는 묵은 쌀을 구입해주기도 한다는 것이다.

집에서 뿐만 아니라 밖에서도 마찬가지. 비상근非常勤으로 일하는 곳의 주변에 숲이 있어 길고양이가 눈에 띄기도 하고 비둘기 등의 새들이 날아들기도 하는데 이것들에게까지 그냥 지나치지 못하고 먹이를 챙겨주곤 하는 모양이다.

그런데 날아드는 비둘기들 때문에 이웃들에게 해를 끼치는 게 아닌가 신경이 쓰인다고 한다. 비둘기가 이웃에게 해가 된다? 언뜻 무슨 말인가 싶지만 한편으로는 고개가 끄덕여지기도 한다. 그도 그럴 것이 평화의 상징이던 비둘기가 언제부터인가 유해조수로 분류되기 시작했고, 그에 따라 금방 해를 입기라도 하는 것처럼 비둘기를 멀리하는 사람들이 많아졌으니 말이다.

인간과 가장 가까웠던 비둘기다. 식용 따위의 목적으로 길러지는 가금류나 애완용으로 기르는 일부 조류를 제외하고는 인간과 가장 친숙했던 비둘기가 유해조수로 분류된 건 무엇 때문인가?

비둘기가 인류와 함께하며, 그것도 평화의 상징으로 등장한 건 역사적으로도 오래라고 할 수 있을 것이다. 저 노아의 홍수 때 비둘기는 방주에서 날아가 감람나무 잎사귀를 물고 돌아옴으로써 육지를 뒤덮었던 물이 빠지고 있음을 알려왔다. 그런 연유로 현대에 와서도 감람나무 잎사귀를 문 비둘기 그림은 평화를 나타내는 표장으로 활용되었고, 지금은 보기 어렵지만 국가적 제전에서는 으레 비둘기를 날리며 평화를 표방해왔다.

벌써 오래 된 이야기지만 88 서울올림픽 개막식 때 날아올랐던 비둘기들에 대한 기억도 새삼스럽게 떠오른다. 그때 눈여겨보았던 이들 중엔 점화된 성화대에서 힘차게 타오르던 불길에 마침 그 위를 날던 비둘기 몇 마리가 그만 희생되는 것에 안타까워하기도 했었다.

그리고 우리에게는 비둘기라 하면 무엇보다도 시인 김광섭의 시 '성북동 비둘기'가 떠오른다. 어디 그뿐인가? 많은 명작을 남기고 노벨문학상을 받기도 한 헤밍웨이가 궁핍했던 무명시절 비둘기를 잡아먹고 단백질을 보충했다는 이야기도 우리는 기억하고 있다.

굳이 그런 것들이 아니라도 비둘기는 친숙하고도 평화로운 모습으로 우리의 풍경 속에 들어와 있었다. 공원에 나와 산책하는 사람들 사이에서 포르르 날아올랐다가 내려앉거나 오종종 걸어 다니는 비둘기들. 그런가 하면 어느 역 광장의 열차 시간을 기다리는 사람들 사이에서 어린 아이가 흘린 과자를 보고 몰려드는 비둘기가 신기해 아이는 제 과자를 몽땅 던져주며 좇아가기도 하는 모습은 그대로 한 폭의 그림이지 않았던가.

그런데 사람들은 이제는 그런 비둘기를 유해조수로 분류해 쫓아내고 있다. 비둘기가 세균을 퍼뜨려 각종 질병을 일으키고 배설물로 주변 환경이 지저분해진다는 것. 그리하여 공원이나 역 광장 같은 데서 비둘기에게 먹이라도 주게 되면 여지없이 제지를 당하고 만다. 어느 곳에는 비둘기에게 모이를 주지 말라는 경고문을 적어놓기도 했다. 그뿐만 아니라 비둘기 퇴치법이 등장해 인터넷에 떠돌고, 비둘기 퇴치 전문 업체까지 생겨나 성업 중이라고 한다.

그런 것들을 생각하면 얄팍한 계산속에 따라 움직이는 인간들의 모습이 씁쓸하면서 참 야박스럽다 싶다. 오랜 역사에 걸쳐 우리와 함께해온 비둘기인데 그게 유해하면 얼마나 유해하겠는가. 또한 인간들 곁으로 불러들일 때는 언제인데 이제는 내치기에 급급한 것인가. 그런 것을 생각하면 어떤 이해관계를 떠나서 자기 집 옥상에 날아드는 비둘기들한테 먹이를 주면서도 그게 이웃에게 해를 끼치는 게 아닌가 싶어 신경 쓰인다는 소설가의 말에 고개가 끄덕여진다.

그러고 보면 1960년대 말쯤에 발표된 시에서 김광섭이 자연을 파괴하는 것을 안타까워하며

> 예전에는 사람을 성자처럼 보고 / 사람 가까이 / 사람과 같이 사랑하고 / 사람과 같이 평화를 즐기던 / 사랑과 평화의 새 비둘기는 / 이제 산도 잃고 사람도 잃고 / 사랑과 평화의 사상까지 / 낳지 못하는 쫓기는 새가 되었다

라고 한 이야기는 오늘에도 틀리지 않는 것 같다.

≪2015. 5. 4. 서부경남 인터넷뉴스≫

부모

나도 부모가 된 입장이긴 하지만 '부모' 라는 말은 언제 어느 때 들어도 가슴을 뭉클 맺히게 하는 무엇이 있다. 그것은 부모가 생존해 계시거나 이미 고인이 되어 직접 뵐 수 없다고 해도 마찬가지다. 생존해 계시면 생존해 계신 대로, 고인이 되었으면 또한 고인이 된 대로 자식으로서 다하지 못한 그 무엇 때문에 가슴 한쪽이 아릿하게 아파오기 마련이다.

지인 중 하나가 이야기했다. 고향에 찾아가려 해도 몸이 아파 그러지 못한 지가 벌써 여러 해인데 그러자 팔순이신 노모가 찾아왔더라고 말이다. 전하는 말이야 그렇게 몇 마디 되지 않고 짧았지만 그 이야기는 뭔지 모르게 가슴 한 구석을 찡하게 울리면서 참 여러 가지를 느끼게 했다. 팔순의 노모가 몸이 아파 오지 못하는 자식을 찾아 먼 길을 마다않고 나서는 것. 그게 바로 우리들의 부모가 아닌가.

어떤 면에서는 자신의 분신인 까닭이기도 한 때문일까? 새끼에 대한 사랑은 거의 모든 동물들이 갖는 공통적인 본능이면서 또한 끔찍하기조차 하다. 가끔 자연 다큐 같은 TV 프로그램에서 작은 동물들조차 제 새끼들을 천적들로부터 자기의 목숨 이상으로 지켜내고 갖은 애를 써가며 키워내는 것을 보면 눈물겹기조차 하다.

하찮아 보이는 동물들도 그러한데 다른 동물들에 비해 상대적으로 고도의 사고체계를 갖추었을 뿐만 아니라 복잡한 감정까지 소유한 인간들은 어떠하겠는가. 그러한 까닭에 다른 동물들에게서는 새끼들이 성장하는 동안 그 한시적으로 작용하는 모성이 사람에게 있어서는 죽을 때까지 놓지 못하는 무엇이 아닌가.

아무튼 세상의 거의 모든 부모나 자식들은 비슷한 마음일 것이다. 세상에서 혈연관계처럼 친밀도를 보이는 것도 없고, 그 가운데서도 부모 자식의 관계는 가장 으뜸이다. 그런데 그런 세상의 부모들 중에서도 우리 한국의 부모들이 자식 사랑에 대해 가장 끈끈하지 않을까? 또한 자식들 역시도 마찬가지일 터이고 말이다.

지난 시절을 살아온 사람이라면 누구나 한두 번씩은 들어보고 또한 불러보기도 했었을 노래가 있다. 바로 김소월 시에다가 곡을 붙인 '부모' 란 노래가 그것이다.

> 낙엽이 우수수 떨어질 때 겨울의 기나긴 밤 어머님하고 둘이 앉아 옛이야기 들어라, 나는 어쩌면 생겨나와 이 이야기 듣는가, 묻지도 말아라 내일 날을, 내가 부모 되어서 알아보리라.

이 노래를 듣거나 부르노라면 왠지 모르게 가슴이 서늘해지기도 하고 울컥 목이 메기도 한다. 그것은 바로 우리 정서의 아킬레스건과 같은 때문이라고나 할까? 어떤 면에서는 치명적인 감정이기도 하다. 건드리기만 하면 터져버릴 수밖에 없다. 우리나라 사람이라면 누구도 이런 정서에서 벗어나기는 힘들 것이다. 그리고 노랫말처럼 부모가 되고 나면 더더욱 부모 마음과 사랑을 깨닫게 된다. 하지만 어떤 것으로도 보답이 안 될뿐더러 더러는 이미 세상을 떠난 뒤여서 늦어버리는 경우도 있다. 그래서라도 부모라는 말에는 해도해도 다하지 못함에 그저 가슴이 먹먹해져 오기 마련이다.

다른 어느 나라나 어느 시대보다도 어렵고 힘든 시절을 살아오신 우리의 부모님들이다. 그리하여 자식들에게만큼은 그런 삶을 물려주지 않겠노라고 허리띠를 졸라매고 사셨고, 당신들은 못 먹고 못 입으면서도 자식들에게는 그저 끝없이 베풀기만 하지 않았는가. 또한 우리들은 그것을 보고 직접 느끼며 자라왔기에 이만큼 살아오고 나서도 부모를 생각하면 그저 가슴이 먹먹해져 오는 것이다. 더군다나 나이 들어 늙으셨음에도 자식에 대한 사랑만큼은 멈출 줄 모르는 게 부모님들 아닌가.

누구나 부모의 자식이고 또한 자식의 부모가 된다. 자식의 입장에서 부모님에 대한 간절한 정을, 부모의 입장에서 자식에 대한 사랑을 경험하게 된다. 밖에 나가면 지나다니는 사람들이 예사로 보이지 않을 때가 많다. 나의 삶에 견줘 그 사람들의 삶을 짚어보기도 하는 것이다. 특히 많이 연로하신 분들이거나, 그러면서도 뭔가 힘들어 보이는 사람들이 눈에 띄면 그냥 무심해지지가 않고 그 사람이 살아왔을 세월을 생각해 보기도 하게 되는데, 흰 머리가 인생의 면류관이라는 말이 그냥 나온 게 아니지 싶어지곤 한다.

몸이 아파 여행이 불가능한 관계로 오랜 동안 찾아뵙지 못하는 자식을 한번이라도 직접 눈으로 봐야 되겠다고 먼 길을 나선 팔순의 노모. 그게 우리들의 부모이고, 우리는 그 부모의 자식이다.

오늘은 그런 부모를, 자식을 생각하며 눈시울 한번 적셔도 좋겠다.

≪2015. 9. 7. 서부경남 인터넷뉴스≫

가는 여름에게 주는 말

오늘도 해가 기울며 그림자가 길어집니다. 사람들은 더러 제 그림자를 밟으며 길을 가다가 문득 걸음을 멈추고는 먼 하늘가를 바라봅니다. 거기 어디에 다 이루지 못한 꿈 한 조각 걸려 있을 터이고, 날 저물면 불 밝혀지는 상점가 앞 평상에 앉아 쓴 소주 한 잔 넘기며 지친 몸을 쉴 지도 모르겠습니다. 그런 날들이 하루 이틀 접어 넘겨지더니 어느덧 여름이 다 가고 있습니다.

이맘때쯤이면, 그리고 날이 더 지나서도 아직 따가운 햇살이 남아 있는 날들의 그 햇살 아래 부신 눈을 가늘게 뜨고 서면, 장미 가시에 찔려 죽은 라이너 마리아 릴케의 시구詩句가 생각납니다.

> 지금 집이 없는 사람은 이제 집을 짓지 않습니다. 지금 고독한 사람은 이 후로도 오래 고독하게 살아, 깨어 책을 읽고, 긴 편지를 쓸 것이며, 낙엽이 흩날리는 날에는 가로수들 사이로 이리저리 불안스레 헤맬 것입니다.

그의 말대로 지난 여름은 참으로 위대했지요. 해시계의 그림자는 포도나무를 키우고 들녘에 풀어놓은 바람은 포도송이들을 살찌웠습니다. 그런 날들이, 그랬던 여름이 이제 거의 다 가고 있는 것입니다.

우리들은 태생적으로 고독한 것인지도 모릅니다. 그러기에 그 고독을 숙명으로 안고 살아갈 수밖에 없습니다. 위대했지만 떠나는 여름을 뒤로 하면 이제까지 안주하지 못하고 집 없이 떠돌았는데 새삼스레 집을 지어 안주하려 할 필요는 없겠지요. 어쩌면 그게 당연한 일인지도 모르겠습니다. 비록 실생활 속에서는 밥 지어 먹고, 침실에 누워 잠을 자고, 일어나 분주히 일터를 오가지만, 그럴수록 마음 속 공허는 커져 고독에 떨고 제 그림자조차 놓쳐가며 방황을 하지 않았던가요. 또한 그러다가도 제 그림자에 걸려 놀라고 더러는 넘어지기까지 하지 않았던가요.

하더라도 우리는 그런 고독 속에서도 기억을 하게 됩니다. 지금 물러가고 있는 이 여름이 무엇보다도 풍성했었음을. 그리하여 위대했었음을 말입니다. 글자 그대로의 풍성함이라면 온갖 결실을 말하고, 때문에 가을에 더 어울리겠지만 정작 성盛했던 것은, 다시 말해 흩어진 바람과 햇빛을 모아 모든 것들을 키워낸 것은 바로 여름이지요. 보다도 위대함은 어떠한 결과 보다는 그러기까지의 그 지나오는 과정 속에 있는 것일 터이니 말입니다.

돌이켜보면 봄부터 아니, 더 멀리는 그 이전의 겨울부터 이어졌던 가뭄은 얼마나 길고 혹독했었는지요. 우리는 그 앞에서 한없이 작아진 채 마음 졸이고 애를 태워야만 했습니다. 말라가는 하천과 저수지 바닥을 보며 기상이변에 대한 두려움과 걱정에 마음을 놓을 수가 없었습니다. 그런가 하면 그 가뭄 끝에 일부 지역에서는 물난리를 겪기도 했습니다. 그런 것들 뿐이던가요? 몇 십년만이라는 더위는 우리 모두를 힘들고 지치게 만들었지요.

그래도 따지고 보면 여름이면 으레 치러내야만 하는 것들이기도 합니다. 그리고 알고 있지요. 그것들이 풍성함을 더하게 한다는 것을요. 더는 성함의 그 자체라는 것을요.

길을 나서봅니다. 들녘 저 너머에서 시작되었을 바람은 어제의 그 바람인 듯하면서도 어딘지 그 끝은 달라져 있습니다. 사람들로 넘쳐나던 해수욕장은 이제 차츰 발길이 줄어들다가 마침내는 텅 비게 될 것입니다. 성할 대로 성해 올라 한껏 억세진 풀줄기가 발목을 휘감아옵니다. 그쯤이면 차가운 이슬에 발목을 내주어도 좋을 것 같습니다. 사람들이 떠난 빈 해수욕장 모래펄에서 누군가가 잃어버리고 갔을 빨간 귀고리 한 짝을 주워들고 그 주인이 하얀 치아를 드러내고 지었을 깨끗한 웃음을 그려보아도 좋을 것 같습니다. 달라진 바람결에 나를 통째로 내주어도 좋을 것 같습니다.

이제 고독해도 좋을 시간인 것입니다. 성했던 여름이 가고 있습니다. 우리는 애초에 집이 없었던 것인지도 모릅니다. 그러니 이제 집을 짓지 않은 채 이후로도 오래 고독하게 살아 낙엽이 흩날리는 날에는 얼마쯤 불안스레 가로수 사이를 헤매도 괜찮을 것입니다.

그리고 돌아앉으면 그 누구에겐가 편지를 써야 합니다. 아마도 우리는 그렇게 이야기를 해야 할 것입니다. 가는 이 여름을 기억하면서.

≪2015. 8. 24. 서부 경남 인터넷뉴스≫

코스모스 꽃잎 차

어느새 가을이 깊습니다. 가을을 상징하는 것들이라면 수없이 많지만 그중에서 코스모스도 빼놓을 수 없겠지요. 집을 나서면 아주 쉽게 코스모스를 만납니다. 들길에서는 물론이고, 도로변에서도, 남강둔치에도 붉고 하얀 코스모스 꽃들이 피어 보는 이들의 눈길만 아니라 바람까지도 붙잡습니다.

우연히 코스모스 꽃잎 차에 관한 이야기를 듣고는 옳다구나 싶어 꽃잎들을 몇 줌 따가지고 와 씻어서 팬에 면보를 깔고 그 위에 코스모스 꽃잎을 하나하나 펴서 은은한 불에 덖다 식히고를 아홉 번 한 끝에 완성했지요. 그렇게 정성들여 만들어진 차를 마주할 이가 있으면 있는 대로 없으면 없는 대로 이 한 잔의 차를 우려내고 거기 가을을 담아 취해보려 합니다.

하고 보니 올 가을에는 많은 사람들이 술잔 보다는 찻잔을 가까이 했으면 좋겠다는 생각입니다. 꼭이 꽃잎 차가 아니더라도 말입니다.

똑같이 마시는 것임에도 술과 차는 서로 상반되는 성질을 지녔습니다. 양자兩者는 다분히 동적動的이고 정적靜的이며, 그러기에 사람을 격정적이게 하는가 하면 반대로 차분하고 조용하게 만들기도 합니다.

근자에 체육계에서 중책을 맡고 있던 전 탁구선수가 음주운전으로 교통사고를 일으켜 물의를 빚고 직책에서 물러난 바 있지요. 물론 그것은 공인으로서도 그렇지만 한 개인으로서도 잘못이고, 그런 만큼 책임을 져야 마땅할 것입니다. 그런데 넓게 본다면 그도 우리나라 잘못된 술 문화의 피해자가 아닐까 하는 생각도 듭니다.

문화란 하루아침에 생겨나는 게 아니라 오랜 세월에 걸쳐 이루어지는 것입니다. 수천 년 동안 이어져 왔던 우리의 농경사회에서는 술 문화도 지금과 같지는 않았습니다. 그런데 그게 변하게 된 것은 급속한 산업화를 거치면서였지요. 불과 몇 십 년 동안에 이루어진 산업화에 농촌을 버리고 도시로 몰려든 사람들은 살아남기 위해, 출세하고 성공하기 위해 발버둥을 쳐야 했습니다. 그러면서 새로운 인간관계를 형성하고, 그걸 출세와 성공의 발판으로 삼는, 소위 인맥관리를 위해 어울리고 술을 마셔야 했던 게 아닌가요. 말하자면 술을 마셔야만 출세를 하고 성공을 할 수 있었던 것이지요. 단적으로 말해 죽기살기 식으로 마셔야만 살아남고 줄 잘 잡아 성공할 수 있었던 것입니다. 그리고 그게 굳어져서 오늘의 술 문화가 된 것일 터이고요.

언제부터인가 우리의 그 술 문화에도 조금씩 변화가 나타나기 시작했지요. 술 없는 대학 축제도 생겨나고, 멋진 이벤트 행사로 술만 마셔대던 망년회를 대신한다는 이야기도 심심찮게 접합니다. 하지만 아직도 잘못된 술 문화는 깊게 뿌리내린 채 곧잘 우리의 눈살을 찌푸리게 하고 더러는 몹시 안 좋은 소식도 전해옵니다.

오늘은 그들에게 차 한 잔씩 대접하고 싶은 마음입니다. 이 가을이 다 가기 전에 몇 번 더 둔치에 나가 남강 물빛을 닮았을 코스모스 꽃잎들을 따다가 씻어 차를 덖어야겠습니다. 그러면 더 많은 사람들에게 내가 덖은 코스모스 꽃잎 차를 대접할 수 있지 않을까요?

≪2014. 10. 13. 경남일보≫

냉잇국

잠자리에서 눈을 뜨고 일어나니 그 시간이면 늘 햇발이 걸리곤 하던 동향의 창이 다른 날과는 달리 흐릿하다. 커튼을 젖히고 내다보니 운무에 잠긴 도시의 모습이 내게는 몽환적으로 비쳐진다. 이리저리 움직여가며 마땅히 해야 될 일상의 일들을 해나가면서도 내내 그 기분에 젖어 있었다. 그러다가는 결국 간단한 꾸밈을 하고는 집을 나서서 차를 몰았다.

따지고 보면 별다른 계획도 없이 무작정 나선 길인데, 시내를 빠져나간 차는 어느덧 진양호 호반도로를 달리고 있는 게 아닌가? 호수에는 흐린 하늘이 잠겼고, 먼 산도 회색빛이었다. 가끔씩 답답할 때면 그렇게 길을 나서서 찾곤 하는 곳인데, 차를 세우고 한참을 바라보고 있자니 문득 찾아가고픈 곳이 떠올랐다. 그곳을 지나 사천군 곤양면으로 가면 거기 자리한 우리나라 최대의 녹차단지라는 '다자연'. 어쩌면 처음부터 거기를 목적에 두고 있었던 것인지도 모르겠다.

'다자연' 의 대표는 내 문우의 부군夫君이고, 그 문우와는 격의 없이 지내기에 친척이나 친구 등이 찾아오면 곧잘 그곳으로 데리고 가 구경을 시켜주곤 했다. 전화 한 통만 하고 가면 차 대접은 물론 녹차가 만들어지는 과정을 견학하고 선물까지 받아 안고 돌아오게 된다.

헌데 마침 일요일이어서 문우 부부는 거기 나오지 않았을 터다. 괜히 수선 피울 필요 없이 혼자 찾아가 호젓하게 둘러보며 맑은 공기를 마시기에는 더없이 좋은 기회이지 싶었다. 불현듯 냉이가 생각났다. 지난 늦가을 지인들과 차 꽃을 따러 왔을 때 냉이가 지천이라며 봄에 캐면 좋겠다고 말했었다. 마침 차 트렁크에는 과도와 비닐봉지 따위가 들어 있었다. 도착하여 차를 세우고서 그것들을 꺼내 들고 녹차밭 샛길로 들어서자 아닌 게 아니라 냉이들이 내 눈을 황홀케 했다. 봄바람이 휘도는 그 샛길에 주저앉아 온통 정신을 빼앗긴 듯 냉이를 캐기 시작했다.

우리 민족처럼 나물을 좋아하고 다양한 나물을 채취해 먹는 민족이 또 있을까 싶다. 해마다 이맘때쯤이면 나물을 잘못 알고서 채취해 먹고 사망하기까지 하는 불상사가 빚어지기도 하고, 떼거리로 몰려 산에 들어가 나물을 채취하다가 불법 임산물 채취로 단속반에 걸리기도 하여 그게 언론매체를 통해 보도되기도 한다.

무엇이 그처럼 단속반을 풀어 단속을 해야 되고, 그런 단속에 걸려가면서까지 나물을 채취하게 하는 것일까? 또한 무엇이 그것들을 뉴스감으로 취재되어 보도하게까지 하는 것일까?

그것은 우리 민족의 슬픈 역사와 무관하지 않을 터다. 좁은 땅에서 오래도록 이어져 온 농경사회. 거기다가 지정학적으로 외침이 잦아 전쟁에 시달려야 했는데 가깝게는 일제 식민통치와 한국전쟁이 바로 그것일 터이다. 피할 수 없었던 것은 뿌리 깊다 할 수 있는 가난이다. 지금이야 상황이 달라졌지만 숙명처럼 받아들여야 했던 가난이 아니었던가?

여름 내 땀 흘려 땅을 일궈서 가을이면 거둬들여도 각종 명목으로 수탈을 당하고 그 나머지를 저장해두지만 길고 추운 이 땅의 겨울을 나다보면 오래잖아 바닥이 나고 봄이 올 무렵이면 먹을 것이 없어진다. 그러면 아직 땅이 다 녹지 않았음에도 바구니 하나 들고서 들로 산으로 강변으로 나선다. 그리고 양지바른 곳의 마른 풀숲을 헤치고 이제 막 올라오기 시작한 새싹들 중에서 먹을 수 있는 것들을 찾아낸다. 얼마나 찾아내고 찾아냈으면 그 수많은 종류의 풀들을 찾아내 나물이라는 이름으로 먹기에 이르렀을까? 독성 때문에 그냥 먹을 수 없는 것들은 데치는 등의 방법으로 독성을 약화시키거나 제거하고 먹기까지 한다.

그렇게 주린 배를 움키고 나서는 들녘. 볕은 따스해도 아직 차가운 봄바람에 몸을 맡기노라면 피어오르는 아지랑이에도 길어진 한나절은 그저 몽롱하기만 하고, 그 눈에 들어오는 조그만 풀꽃들은 서럽기 이를 데 없었으리라. 이 땅의 풀꽃들 이름이 슬프거나 먹을 것과 관계된 것들이 많고 또한 그에 얽힌 전설 역시도 서러운 것이 많은 이유도 그러한 때문이 아니겠는가?

일제 말기의 가혹한 수탈과, 해방의 혼란기와, 한국전쟁 등을 겪으며 어린 시절을 보내고 학교에 다녀야 했던 우리 부모 세대들은 학교에 갔다가 돌아와 보면 어른들이 들에 나간 빈 집에 먹을 것이라곤 밥 한두 숟갈에 나물만 가득했다고 했다. 그걸 비비면 밥알은 보이지도 않고 온통 나물뿐이었는데, 그것만으로도 감지덕지 허겁지겁 주린 배를 채우곤 했다고.

녹차 밭 샛길에 주저앉아 냉이를 캐는 손등 위로, 혹은 목덜미를 스치고 봄 향기 물씬 풍기며 상큼한 바람이 지나간다. 하지만 그 바람 속에는 우리 민족의 숙명과도 같았던 가난과 슬픈 역사가 있다.

지금이야 나물을 별미로, 건강식으로 찾아 먹지만 다른 민족과는 달리 유독 나물에 집착을 보이며 단속반에 걸리면서까지 나물 채취에 극성인 것은 그와 같은 역사의 뿌리에서 나오는 것은 아닐까? 외국에 나가도 마찬가지라고 한다. 다른 나라 사람들은 그저 풀로만 알고 거들떠보지도 않는 것을 나물이라며 뜯고 캐는 사람을 보면 으레 한국인이더라고.

한 줌 냉이를 캐 가지고 돌아오는 길은 봄바람을 쐬어서인지 마음이 더없이 가벼웠다. 그렇게 집에 돌아와 냉이를 씻어서는 마침 냉장고 속에 들어 있던 백합 조개를 넣고 끓였다. 그러고는 맛을 보기 위해 한 술 떠 넣자 벌써 향내가 입 안 가득 번진다. 봄을 통째로 먹는 것 같은 기분이다. 그러고 보면 나도 어쩔 수 없는 이 땅의 딸인가 보다.

≪2015. 4. 2. 서부경남 인터넷뉴스≫

Ⅱ

작은 것에의 분노

작은 것에의 분노

요즈음 영화배우 김부선의 아파트 난방비 문제가 화제입니다. 일이 복잡하게 얽히고 반전에 반전되는 게 보도되면서 심정적으로 동조를 하던 사람들도 그때마다 다른 양상을 보입니다. 사실을 빠르고 정확하게 전달하는 게 언론의 사명이긴 합니다만 보다 신중을 기했으면 훨씬 나았을 텐데 말입니다.

언론의 보도에 대한 얘기가 나왔으니 말입니다만, 이제 막을 내린 인천 아시안 게임 때 일본 수영선수의 취재진 카메라 절도사건에 대한 보도도 안타까움이 남습니다. TV를 보다보니 일본 선수단에게 카메라와 마이크를 들이대고 어떻게 생각하느냐고 묻는 게 아니던가요.

굳이 그렇게까지 할 필요가 있었을까요? 지금의 이 짧은 글이 그 사건을 다시 들추는 결과가 될지도 모르겠습니다만, 그저 일본의 아무개 선수가 불미스러운 일로 해서 귀국조치를 당했다고만 했으면 훨씬 좋았을 거라는 생각입니다. 그랬더라면 그것을 대하는 일본 국민들도 다시 생각하게 되었을 것입니다. 그런데 선정적보도로 해서 굳이 수치심을 유발시킬 필요가 있었을까요? 요즘 같은 세상은 그 정도로만 보도해도 무슨 일인지 금세 다 알게 됩니다. 사실 대로 전하는 게 언론의 사명이라 해도 부끄러운 일은 얼마간 덮어주는 아량도 있어야 하지 않나요?

그렇다고 여기서 언론의 보도 문제를 얘기하는 것은 아닙니다. 우리는 일상생활에서 작은 것들에 분노하고 지적하는 일에 너무 서툴다는 것을 이야기하고자 하는 것입니다. 난방비 문제, 도전盜電, 교통법규를 어기는 것, 쓰레기 무단투기, 하다못해 남의 일을 방해하는 것 등등 수없이 많습니다. 물론 그게 당하는 자의 입장에서 본다면 결코 작은 일도 아니고 경우에 따라서는 생명을 위협하는 일이 되기도 합니다만 포괄적 범위의 사회에서 상대적으로 보면 작은 일이겠지요.

그렇듯 작은 일이기에 우리는 흔히 그냥 넘어가곤 합니다. 아니, 거기서 그치지 않고 남들이 그러는데 나만 그러지 못하면 바보 같다는 터무니없는 피해의식에 사로잡히기도 하고, 스스로를 모자라는 사람으로 취급하기도 합니다. 사소한 그것들이 범죄라는 것을 미처 인식하지 못하는 것이지요. 더러는 군중심리에 편승해 가책 없이 따르기도 하고요.

우리는 그런 일들 때문에 벌어지는 온갖 사회적, 개인적인 문제에 부딪치며 살아갑니다. 그러면서도 어떤 타성에 젖어 확실하게 지적하거나 들고 일어나지도 못하고 별반 분노하지도 않으면서 지나가고 맙니다. 시쳇말대로 하면 혼자 꿍얼대다가 마는 정도이지요.

하지만 이제부터라도 그러지 말아야 하는 것이 아닐까요? 비록 작고 하찮을지라도 온당치 못한 것과 불의한 일에는 느끼는 대로 분노하고 또한 지적해야 할 것입니다. 그럴 때 사회는 개선되고, 나만 그러지 못하면 바보 같다는 그 터무니없는 피해의식도 사라지겠지요.

하고보면 앞에 얘기한 김부선의 난방비 문제에 대한 것이나 일본 수영선수에 대한 자극적 언론보도에 대한 이야기도 그쯤으로 가름되겠습니다.

≪2014. 10. 6. 경남일보≫

대북 전단 살포를 보면서

최근 대북 전단 살포를 놓고 일어나는 갈등이 언론을 통해 보도되는 것을 보노라면 안타깝고 또한 안보와 연계된다는 점에 불안한 마음도 없지 않습니다. 그러면서 육칠십 년대 반공방첩이란 글씨가 건물 외벽이나 담장 같은 데에 붉은 페인트로 새겨졌던 것도 떠오릅니다. 당시 북이나 불순분자들에 의해 살포되는 '불온삐라'를 발견하면 신고를 해야 된다는 교육을 받았고, 그리하여 그런 게 없나 눈여겨보기도 했었지요. 그 '삐라'라는 말을 오래 잊고 살았는데 대북 전단 애기에는 다시 떠오르곤 합니다.

보수도 진보도 아닌 그저 일반 국민의 한 사람으로써 보아도 최근의 사태는 뭔가 잘못 꼬였다고 보아집니다. 남북의 충돌도 그렇고, 북의 반응에 따라 달라지는 정부의 대응도 그렇고, 소위 말하는 남남갈등인 보수단체와 진보, 혹은 지역주민 사이의 대립도 그렇습니다.

사실 아무리 북이 낙후되고 폐쇄된 사회라 해도 요즘 시대에 전근대적 방식으로 전단을 날려 보낸다는 것이 무슨 소용이겠으며 또한 그럼으로써 얻고자 하는 것이 과연 얼마나 얻어지겠습니까마는 이는 필자의 개인적인 생각이니 접어두기로 하고, 보다 더 안타까운 것은 우리 사회가 합의를 이끌어낼 노력은 하지 않고 서로 자신들의 목소리만 높이며 대립으로만 치달린다는 점입니다.

어찌 보면 우리는 그런 것에 너무 서툽니다. 이는 우리가 받아온 주입식 교육의 폐해이기도 할 것입니다. 최근에는 학교에서 토론 수업이 진행되고 있다지만, 어떤 문제를 꺼내놓고 토론을 벌여 합의를 도출해낸다는 사실을 우리는 거의 모르다시피 합니다. 오죽하면 목소리 큰 놈이 이긴다는 말이 툭하면 나올까요.

갈등이 없는 사회란 있을 수 없습니다. 더군다나 개인의 자유가 보장된 사회에서는 갈등이 더 많을 수밖에 없습니다. 그렇다면, 그러할수록 그 갈등을 풀어가는 지혜가 필요한 것이 아닌가요.

이제라도 토론의 장이 마련되었으면 합니다. 그리하여 어느 것이 이 사회를 위하는 길인지, 어느 방법이 통일로 가는 보다 나은 지름길인지 합의를 도출해서 작더라도 한 목소리를 냈으면 합니다. 적어도 이 문제만큼은 말입니다.

주지해야 할 것은 자신들의 주장만 옳다고 고집하며 자꾸만 목소리 높이는 보수단체나 진보진영 그 어느 쪽도 아닌, 굳이 자신을 어느 쪽에도 넣지 않은 목소리 작은 사람들이 국민 대다수를 차지한다는 사실일 터입니다.

≪2014. 11. 2. 경남일보≫

결핵과 낭만

최근 서아프리카에 창궐하는 에볼라가 세계적 공포의 대상이다. 아직 확실한 치료약이 나오지 않은데다가 세계 어디든 사람들의 왕래가 빈번하다보니 안심할 만한 지역이 없다. 그렇지만 이제까지 인류 공포의 대상이었던 질병, 특히 전염병이 인간의 손에 정복되었듯이 에볼라 역시 결국에는 정복이 될 것이다.

며칠 전 직장에 다니는 지인 하나가 퇴근길에 전화를 하더니 대뜸 큰일 났다고 말했다. 그러면서 자기 집 아이들까지 모두 병원에 가서 검사를 받아야 될지도 모른다고 했다. 전후 설명 없이 그렇게 말하다보니 듣는 사람으로서도 긴장이 될 수밖에. 이어진 이야기인즉 같은 사무실에서 근무하는 상사가 결핵에 걸렸다는 것이다. 그 상사가 얼마 전부터 자꾸 기침이 나오고 이상하다고 하더니 자기 딴에도 안 되겠던지 검진을 받았는데 결핵으로 판명되었다며 함께 근무하는 직원 모두 검진을 받아보라 통보를 했다는 것.

이미 우리에게서 멀어졌다고 여긴 결핵에 관한 이야기가 언제부던가 다시 들려오곤 한다. 어느 집안의 아무개가 결핵에 걸렸다는 소식에 직접 접촉이 없었다 해도 간접 접촉으로 옮은 건 아닌지 싶은가 하면, 어느 학교에서는 집단으로 발병했다는 보도가 들려오기도 한다. 그런데 참 묘하게도 결핵 하면 함께 떠오르는 단어 중 하나가 낭만이다. 왜일까?

그것은 결핵이 문학작품이나 영화 등의 소재로 채택돼 그려지면서 많은 독자와 관객의 감성을 자극했기 때문일 것이다. 물론 다른 질병도 마찬가지지만 특히 결핵은 지난 시절 예술작품 소재로 다뤄지기에 알맞은 요소를 가지고 있었다. 또한 실제적으로도 결핵으로 요절한 대중가수는 많은 사람들에게 안타까움의 대상이 되기도 했는데, 정작 결핵과 낭만주의를 결부시키게 했던 이는 19세기 낭만주의 음악가 쇼팽이라 하겠다. 그가 결핵으로 죽어가게 되자 병상으로 몰려와 울다가 기절하곤 했던 파리 사교계의 많은 귀부인들….

그런 역사와 문화적 배경 때문에 결핵이라면 얼핏 감성과 낭만이라는 단어가 떠오르고, 예전에야 치료가 거의 불가능하다보니 예술작품 속에서 감성적으로 풀어냈겠지만 현대에서는 결코 낭만이나 감성의 대상이 될 수가 없다.

다행히 검진 결과 지인의 사무실 사람들 모두 이상이 없다고 한다. 후진국병인 결핵이 최근 많이 발병하는 이유는 무엇인지. 여러 분석들이 있지만 보건당국에서도 에볼라 못지않게 신경을 써야 하지 않을까 싶다.

≪2014. 11. 16. 경남일보≫

세월호 참사를 보며

기업은 영리를 목적으로 재화財貨나 용역을 생산하고 판매한다. 또한 최소의 비용으로 최대의 효과를 얻는 게 경제원칙이다. 영리를 목적으로 하지 않으면 기업은 존재하지 않는다. 하지만 그런 목적이나 원칙이라 하더라도 사회적 합의, 즉 정해진 규칙이나 규범이나 도덕, 더 넓게는 모두가 납득할 수 있는 상식을 거스르게 되면 문제가 발생한다. 이번 세월호 침몰 사고 역시 사회적 합의를 거스른 결과라 아니할 수 없다.

영리를 목적으로 하고 최소의 비용을 들여야 한다 하더라도 최소한 지켜져야 할 것들이 있는 것이다. 그런데 선령船齡 20년이 넘은 낡은 배를 사들여 영업에 나선 것이나, 그것도 모자라 기본 설계를 벗어난 무리한 증축이나, 무사안일의 운항이며 선장과 승무원들의 무책임한 행동 등이 속속 드러나고 있다. 앞으로 더 많은 것들이 밝혀지게 되겠지만 이 참사는 보면 볼수록 허탈한 심경에 할 말을 잃게 만든다. 다른 무엇보다도 수학여행 길에 나섰던 어린 학생들이 수없이 희생되었다는 것에는 너나없이 비통함을 금하지 못하게 만든다.

세상에서 가장 아름다운 건 뭐니 뭐니 해도 사람이다. 사람보다 더 아름다운 건 없다. 제 아무리 훌륭하고 아름다운 풍경이라도, 제 아무리 아름다운 꽃이라도 그걸 보아주고 노래해주는 사람이 없다면 그 존재가치를 잃는다. 그러므로 세상 모든 만물은 사람에 의해 비로소 그 존재가치를 나타낸다. 사람이 아닌 그 어느 생물이, 어느 동물이 아름다움을 노래해줄 수 있겠는가? 그걸 노래하고 존재가치를 부여하는 사람은 그래서 다른 무엇보다도 아름다운 것이다. 그런 사람들 가운데서도 어린 생명들은, 이제 막 피어날 꽃봉오리들은 그 자체만으로도 빛나는 아름다움이다. 맑은 햇살 아래 울려 퍼지는 저들의 웃음소리는 바로 세상이 열리는 소리인 것이다.

그런데 그만 그들이 희생됐다. 그것도 한두 명이 아니라 수백 명에 이르는 집단이다. 그 책임은 윤리를 저버린 어른들에게 있다. 목적만 생각했지 거기에 따르는 책임은 외면했고, 지켜야 될 최소한의 덕목마저 내팽개쳐버렸다. 그 결과 전 국민을 울게 하고 가슴에 못을 박았다. TV로 중계되는 구조작업을 지켜보며 제발 살아 돌아오기를, 한 명이라도 더 살아 돌아오기를 간절히 기도했다. 하지만 그저 안타까운 소식만 이어질 뿐이다.

이 돌연한 사고에 어린 학생들을 포함한 많은 희생자들, 그리고 희생자의 유가족들이 앞으로 살아가면서 감당하고 겪어야 될 아픔을 생각하면 그 어떤 말로도 위로가 되지 않을 것이다. 조사弔辭 몇 줄로 어찌 저 아픈 영혼들을 달랠 수 있으며, 몇 마디 위문慰問으로 어찌 저들의 슬픔을 달랠 수 있겠는가. 다만 기본 윤리를 저버린 욕심들로 해서, 끊임없이 되풀이되는 무사안일주의로 해서, 이 땅에서 이와 같은 어처구니없는 사고가 더 이상은 일어나지 않기를 기도한다.

≪2014. 4. 23 경남일보≫

사라진 독서의 계절

엊그제, 그대는 사십여 년이나 묵은 책을 꺼내 읽기 시작했다며 출간 일자가 인쇄된 맨 뒷면을 사진으로 찍어 전송해왔지요. 책장은 누렇게 변색되고, 너무 오래 되어 마른 곰팡내가 나고, 또한 잘못 넘기면 책장 끝이 바스러지는 것처럼 찢기기도 한다고요. 그러면서 그 책을 구입할 때의 일화를 이야기하기도 했습니다. 그런 이야기들을 듣다보니 그러구러 넘어간 세월이 그렇게나 오래 되었다는 사실이, 그리고 그처럼 오랜 세월을 지나온 책을 다시 꺼내 읽는다는 게 문득 거기서 풍겨나는 마른 곰팡내처럼 목을 매캐하게 했습니다. 그것은 다른 무엇도 아닌 진한 그리움 같은 것이었지요.

그러고 보니 독서의 계절입니다. 함에도 요즈음은 이런 말을 들을 수가 없고, 말 자체마저도 낯설게 느껴집니다. 예전에는 이맘때쯤이면 천고마비天高馬肥니 등화가친燈火可親의 계절이니 하여 독서권장에 여러 행사가 치러지기도 했습니다.

하지만 지금은 그런 말을 듣기도 어렵고 관련 행사도 거의 찾아볼 수가 없습니다. 가을이면 오히려 책이 더 팔리지 않아 출판사들은 여름 휴가철을 겨냥해 출간하는 경향으로 나간다는 이야기를 들은 지도 무척 오래입니다. 그렇다고 독서의 계절이 여름 휴가철로 옮겨져 그때에 책이 많이 팔리는가 하면 그렇지도 않습니다.

기차를 타고 가면서, 전동열차 안에서, 길을 가다가 가로공원의 벤치에 앉아 잠시 쉬면서, 혹은 어느 카페에서 누군가를 기다리며 짬을 내어 숄더백 속에 넣어가지고 다니는 책 한 권을 꺼내 읽는 모습은 이제 거의 찾아볼 수가 없습니다. 예전에는 그래도 어렵지 않게 볼 수 있었던 풍경들인데 말입니다. 지금은 그런 사람들이 있다면 희귀동물 취급을 당하기 십상입니다. 책이 아니라 스마트폰을 꺼내 들어야 마땅한 것이지요.

그렇습니다. 사람들은 어디서나 짬만 나면 아니, 짬이 나는 게 아니라 길을 가면서도, 일을 하면서도 그 없는 짬을 만들어 가며 스마트폰을 들여다봅니다. 물론 전자책이라는 것도 있어서 전자기기를 이용해 그것을 읽을 수도 있지만 그러는 사람이 과연 몇이나 될까요. 손에 쥐는 스마트폰 하나면 온갖 정보를 접할 수가 있습니다. 유용한 정보들도 많지요. 하지만 그것들은 필요할 때만 이용하면 되는 것이지 목을 매다시피 할 일은 아니지요. 정보의 바다라 해도 쓰레기 같은 것들이 대부분인데 사람들은 거기에 목을 매다시피 하고, 그 사이버 공간에서 댓글 싸움이 일어나 살인이 발생하기도 합니다.

그래도 뭔가 깊은 향기를 느끼게 하는 것은 그런 경박스런 댓글 싸움으로 핏대를 올리게 하는 스마트폰의 그 사이버 공간이 아니라 한 권의 책이 아니겠습니까? 신간의 잉크냄새는 얼마나 상큼하고, 오래 묵은 책의 마른 곰팡내는 또 얼마나 향기 깊던지요.

오늘은 나도 묵은 책 한 권 뽑아 들고 누군가의 '그대' 가 되기로 합니다.

≪2014. 9. 22. 경남일보≫

계모, 그 부정적 이름

계모, 하면 떠오르는 게 무엇일까? 학대, 악독, 심술 등 부정적인 단어부터 떠오르고 그런 연상聯想의 한계에서 벗어나지 못하는 것 같다. 칠곡에서 일어난 계모의 아동학대 사건을 대하면서 가슴이 아프다 못해 허탈한 심정이다. 모진 학대로 아동을 죽음에 이르게 하고 그것으로도 모자라 피해 아동의 언니를 협박해 그 죄를 뒤집어씌운 사건이다. 어찌 그럴 수 있나? 이번 사건만이 아니다. 전에도 그런 일이 발생했고, 잊을만하면 이런 일이 발생해 사회적 공분을 산다. 드러나지 않았지만 지금도 곳곳에서 크고 작은 아동학대가 자행되고 있을 것이다.

이런 계모의 악행은 동서고금을 막론하고 일어난다. 우리의 콩쥐팥쥐전 콩쥐 계모나 서양의 신데렐라 계모가 그러하다. 콩쥐의 계모는 돌밭매기, 밑 빠진 독에 물 채우기 등 모질음을 일삼다가 결국은 행운을 가로챌 욕심에 친딸인 팥쥐와의 공모로 콩쥐를 살해하기에 이른다. 신데렐라 역시 비슷한 이야기구조를 갖는다. 이렇게 본다면 예나 지금이나, 동양이나 서양이나 다를 바가 없다.

예전과는 달리 요즘은 이혼율이 갈수록 높아간다. 이혼율이 높으면 그만큼 재혼율도 높아지고, 그러면 또 그만큼 계모가 늘어난다는 얘기가 된다. 결국 사회는 계모에 의한 아동 학대가 높아질 수밖에 없는 구조로 나아가는지도 모른다. 물론 계모라고 해서 다 의붓자식들을 학대하고 못살게 구는 것은 아니다. 친자식 이상의 사랑으로 가꾸고, 더러는 눈물겨운 이야기도 접하게 된다. 그럼에도 계모라 하면 먼저 부정적 이미지로 다가온다. 어쩌면 그 관계가 맺어지는 그 순간부터 배태되는 것인지도 모른다. 아동의 입장에서는 어떤 과정을 거쳤든 계모가 자신의 친엄마의 자리를 차지한 것으로 인식되는 것이고, 계모의 입장에서는 자신의 공력이 헛되다는 인식에 짜증부터 앞설 것이다. 그러니까 관계를 원만히 하기 위해서는 부단한 노력이 필요하다는 얘기이다. 더군다나 어린 아동을 상대로 하자면 어른이 모든 걸 감싸 안는 포용력을 발휘해야 한다.

인생, 지나고 보면 너무도 짧다. 그 짧은 인생 중에서 계모와 의붓자식으로 만날 경우 그 아이가 성장하는 기간은 더더욱 짧아 몇 년 되지도 않는다. 계모의 입장에서 의붓자식이 성장한 뒤를 상정해본다면 생각이 달라질 것이다. 성장기의 아이에게 상처를 준다면 당하는 입장은 두고두고 어두운 기억을 걷어내지 못해 불행할 것이고, 상처를 준 자 역시 마찬가지로 떳떳하지 못한 기억에 눌려 불행할 것이다. 사람들이 갈수록 참을성도 없어지고 메말라가는 것 같다. 그것은 내일을, 몇 년 뒤를 내다보지 못하고, 다음을 생각하지 못하기 때문이 아닐까? 이런 사건을 접하면 그저 안타깝기만 하다. 사람이 다른 동물과 다른 것은 과거의 경험을 통해 내일을 내다보는 능력이 있다는 것이다. 모두 한 발 물러서서 내일을 생각해보자.

≪2014년 4. 16. 경남일보≫

어느 젊은 엄마에게

젊은 엄마 하나가 아이를 학원에 보내려고 하는데 무슨 학원에 보내면 좋겠느냐고 물어왔을 때 나는 아무 말도 하지 못했다. 그도 그럴 것이 아이는 이제 겨우 만 네 살로 놀이방을 떼고 올 봄에 유치원에 들어갔다. 그럼에도 벌써 전부터 방문 학습지 교육을 시켜왔는데 그것만 가지고는 부족했거나 혹은 불안했던 모양으로 또 다른 학원을 보내기로 결정하고는 다만 미술 학원이냐 피아노 학원이냐 하는 식으로 분야의 선택만 남겨두고서 물어왔던 것이다.

'아이고, 아서요.' 솔직히 그런 말이 나오려 했지만 입 밖에 내진 못했다. 설혹 그렇게 말한다고 해서 들을 것도 아니고, 무엇보다도 한 세대 전 나 역시 아이를 기르며 비슷한 경험을 했었기에 젊은 엄마의 그 심정을 모르지 않기 때문이었다.

어떻든 병폐라 말하면서도 조기교육, 사교육이니 하는 것들이 벌어지는 현상을 지켜보는 셈인데, 아이가 아장아장 걷기 시작하면 고

생길로 들어선다고 하더니 그 말이 실감되는 순간이기도 했다. 예전부터 입시지옥란 말을 들어왔고 나 역시 아이를 기르면서 부모 입장에서의 경험을 했기에 지금의 어린 아이들이 자라는 내내 치러야 할 고생을 생각하면 그저 아득해지는 기분이다. 그래도 우리 아이들은 어릴 때는 실컷 놀렸고 학교에 다니면서도 그렇게 심하게 공부에 치이게 하지는 않았다. 수험생이 되면 그제야 코피 터지도록 공부에 매달렸고 온 가족이 숨죽일 듯 했지만 말이다. 그럼에도 그 일들을 떠올리면 진저리가 쳐질 정도가 아닌가.

그런데 요즘은 어떤가? 학습지, 피아노, 미술, 태권도, 영어, 수학에 각종 입시학원 등 이루 헤아릴 수도 없다. 사교육 망국론이 나온 것도 옛일이다.

모두가 아는 사실이다. 그래서는 안 된다는 걸. 그럼에도 아이의 부모 입장에서는 다른 아이들은 여기저기 학원에 다니는데 내 아이만 안 보내면 뒤쳐지고 낙오자가 되는 게 아닌가 불안해서 견디지 못하고, 남들 보다 앞서라고 오히려 더 보낸다. 이러한 실정임에도 정부의 교육정책은 신뢰를 주지 못하고, 어떤 해결책도 제시하지 못한다.

그러한 까닭에 오늘도 제대로 놀지도 자지도 못하는 아이의 등에 학원 가방을 매서 몰아세우는 우리의 젊은 부모들. 남들보다 한 발이라도 앞서 가야 비로소 마음을 놓을 수 있는 오늘의 우리 사회.

젊은 아이 엄마가 자신의 어린 아이를 어느 학원에 보내면 좋겠냐고 물어왔을 때 선뜻 '아이고 아서요' 라고 말하지 못했다는 건 생각할수록 슬픈 일이 아니던가?

"아이들은 놀면서 배우고, 저희들끼리 어울려 놀다보면 어떤 문제에 부딪쳐도 스스로 해결책을 찾아내게 된답니다. 아무 염려 마시고 답안을 아이의 머릿속에 억지로 우겨넣어주려 하지 마세요." 그렇게 스스럼없이 말해줄 수 있는 날은 오지 않으려나.

≪2014. 10. 27. 경남일보≫

계란과 바위

가수 신해철 씨 사건을 보노라면 안타까우면서 여러 가지를 생각하게 한다. 아까운 인재가 불의에 세상을 떠났다는 것도 그렇지만 의료사고에 대한 논란은 많은 이들의 이목을 끈다. 그것이 어떻게 결론날 것인지에 대한 점은 차치하고라도 그것을 바라보는 일개 시민의 입장애서는 그가 그래도 대중적으로 알려진 인물이기에 이만큼이나마 문제가 표면으로 떠올랐지 무명인이었다면 어림도 없었을 것이란 점은 인정하고 들지 않을 수 없다. 다시 말해 어떤 전문적이고도 조직적인 세력과 아무것도 갖추지 못한 일개 시민으로써 거기에 대항한다는 것은 계란으로 바위치기일 뿐인 것이다.

비단 의료사고에 대한 분쟁만이 아니라 우리 사회에서는 그와 같은 것들을 많이 보게 된다. 어느 산업체에서 일을 하다가 병을 얻었는데 산재 인정을 거부해 눈물짓는 근로자, 부당한 해고에도 맞설 길이 없어 그저 한숨만 짓는 사람, 국가나 거대 기업이나 어느 사회조직으로부터 재산권이나 여타의 기본권을 침해당해 항변을 해도 그게 받아들여지기는커녕 오히려 무시만 당해 분노만 삼키고 있는 사람 등등.

가끔씩 어느 기관단체나 기업의 건물 앞에서 피켓 하나 달랑 들고서 일인 시위를 하는 모습을 보게 된다. 그들은 차가운 비바람을 맞아가며 다리가 뻣뻣하게 굳도록 서서 세상을 향해 호소한다. 물론 그런다고 해도 저들은 꿈쩍도 하지 않는다. 그래도 적법하게 허용된 것은 그것뿐이고, 그렇게라도 하지 않고는 억울하고 견딜 수 없으니 나섰을 것이다.

듣자니 의료사고 분쟁에서 피해자가 승소할 확률은 매우 낮다고 한다. 전문 지식을 요함에도 상대의 주장을 뒤집을 만한 증거를 내놓아야 하니 당연한 일인지도 모른다. 다른 분야 역시 거의 마찬가지다. 갖가지 유형으로 휘둘러대는 권력 앞에 개인은 너무도 나약하기만 하다.

사회가 이만큼 발전했으면 개인의 권익보호도 그만큼 제도적으로 보장되어야 하지 않을까? 그런 면에서 보면 우리는 너무나도 뒤쳐져 있다. 어떤 권력과의 분쟁이 발생하면 조직적으로 대처할 수 있도록 사회적 제도가 마련되어야 한다.

아무 힘도 없는 일개 개인이 거대 집단과 싸운다는 것은 결국 사회적 낭비이다. 계란으로 바위를 쳐 깨뜨릴 수는 없다. 그렇지만 계란은 계란대로 깨지고 바위는 바위대로 누더기가 된다. 깨지지도, 누더기가 되지도 말아야 할 것이다.

≪2014. 11. 23. 경남일보≫

봄 감기와 세월호

어느덧 봄이 가고 여름이 성큼 다가왔다. 봄 내 푸르러지던 기운이 더 한층 짙어져 녹음을 이룬다. 계절의 변화는 시각적視覺的으로나 촉각적觸覺的으로나 확연한 다름으로 전해져온다. 바람 서늘해지고 산야가 노랗게 물들면 여름이 지나 가을이고, 차가운 기운이 목덜미를 파고들어 몸을 움츠리고 몇 장 남은 나뭇잎마저 떨어지고 눈발 날리면 겨울이고, 따사로운 볕이 살갗을 만져주고 푸른 기운이 올라오면 봄이다. 네 계절의 변화 중 봄에서 여름으로의 변화가 좀 덜 뚜렷한 것 같다. 지구 온난화로 봄이 짧아져 일찍부터 여름이 시작되는 탓도 있겠지만 시각적으로도 푸르러 가는 진행상태가 계속 이어져 가는 때문일 것이다.

그런 계절의 변화를 겪을 때마다 자연이나 사람들은 몸살을 앓게 된다. 가을이면 나뭇잎이 엽록소 분해 작용으로 색깔 변화를 하는 것도, 봄이면 새순이 나오느라 잎눈이 터지는 것도 바로 몸살을 앓는 것이 아니겠는가.

예외 없이 이번의 봄을 보내면서도 감기몸살을 심하게 앓았다. 아프고 나면 큰다는 말도 있듯이 아이나 젊은 사람들에게 있어서는 아픈 게 꽃눈 터지는 것과 같겠지만 나이 들어 아픈 것은 가을 찬바람에 나뭇잎 떨구는 것과 같다. 예전에 어른들이 나이 드니 아픈 곳이 많다는 말을 하면 그저 흘려듣고 말았는데 이제는 그게 무슨 말인지를 몸으로 느낀다.

그 감기몸살을 이기지 못하고 앓아눕자 며느리가 무엇인가를 싸들고 와 분주히 움직였다. 애쓰지 말라 해도 손을 쉬지 않는 모습이 괜히 번거롭게만 해주는 게 아닌가 싶은 마음이면서도 참 예쁘게 보인다. 며느리가 돌아간 다음에 보니 집안이 말끔해지고, 몽롱한 기운인 채 냉장고를 여니 제 손으로 만들어다 넣어 놓은 찬기饌器들이 가지런하고 그 옆에는 보약도 보였다. 가슴이 뭉클해졌다. 그래, 보약보다도 정작의 그 정성 담긴 예쁜 마음을 먹고 기운을 내보자 싶어졌다.

이제 떠나는 대로 보내야 할 이 봄에 우리는 너무나도 아팠다. 수많은 목숨을 앗아간 세월호 참사가 그것이다. 아직도 다 수습되지 않고, 얼마가 지나야 정리될지 모르지만 부도덕한 기업이, 물욕에 눈이 멀어버린 기업인이 이 국가와 사회에 얼마나 큰 해악을 끼치는지를 우리는 여실히 보게 되었다. 한 사회가 영위되다보면 크고 작은 일들로 감기몸살을 앓게 되고, 그로 인한 어떤 변화도 겪게 마련이다. 그런데 이번 세월호 사건은 감기몸살 정도가 아니라 악성 종양이고, 그것이 터지면서 한 사회를 어처구니없게 휘저어버렸다. 이 세월호 참사가 우리 모두의 가슴에서 좀처럼 잊히지도 않을 것이지만, 냉장고 속의 보약처럼 각자 나름의 치유책을 강구하여 충격에서 벗어나야 하되 너무나도 안타까운 희생을 기억하고 두 번 다시 이런 일이 일어나지 않도록 해야겠다.

더 한층 푸르러 오는 여름. 지난 봄의 아픔을 그대로 껴안고 새로 다가오는 계절을 맞이한다.

≪2014. 5. 28. 경남일보≫

이 가을엔 기도를

바람결이 달라지는가 싶더니 어느새 또 가을입니다. 성했던 여름이 가고 가을이 되면 굳이 바람결이 아니더라도 옷깃을 여미게 됩니다. 여름 내 그저 뻗쳐오르기만 하는 성했던 기운에 미처 돌아보지 못하고 지나쳤던 것들을 이제는 돌아보고 살펴야 하는 것이지요. 그게 바로 가을이란 계절이고, 그 바람이 주는 의미이기도 하겠습니다.

지난여름, 더는 봄부터 우리는 너나없이 너무도 큰 아픔을 겪고 상처를 입어야 했습니다. 세월호 참사에서부터 GOP 총기 난사사건, 윤 일병 폭행 사망사건까지 있어서는 안 될 일들이 연이어 일어났습니다. 언론을 통해 보도되는 그런 사건을 접하고 지켜보면서 우리는 그저 참담함에 젖어 할 말을 잃었지 않았던가요? 이 나라에서 어떻게 저런 일이 일어날 수 있으며, 사람으로서 어찌 저럴 수 있나 싶어 경악하고 분노하고, 그리고 탄식하다가는 절망하곤 했습니다. 아무리 생각해도 이건 아니지 싶은 생각에, 그건 누구도 아닌 우리 모두의 책임이라는 생각을 지울 수 없어 가슴 한복판에 깊이 팬 상처를 그저 속수무책으로 안아 줄 수밖에 없었습니다.

그렇지요. 그건 누구도 아닌 바로 우리 모두의 책임이 아니던가요. 그저 성장 일변도로 달려오면서 인성을 다스려 나가는 법을 잊어버렸고, 그것들을 외면해왔고, 또한 가르치고 이끌어오지 않은 탓이 아니던가요? 그리하여 우리 모두가 상처를 입었고, 그리하여 그걸 치유할 길을 찾지 못해 허덕이지 않았던가요. 따지고 보면 가해자도 피해자도 우리일 수밖에 없습니다. 그리고 굳이 가해자와 피해자를 구분한다 해도 마찬가지입니다. 모두 나름대로 상처를 입고 그 상처부위를 제대로 한 번 핥지도 못한 채 여름을 지나와야 했습니다.

그럼에도 시절은 속일 수 없어 가을이 왔습니다. 그게 정한 이치이겠지요. 성하기만 했으니 이제는 숙연해져야 하는 것이지요. 그런데도 우리는 상처 입은 자들을 위로해주기는커녕 제대로 된 해결방법도 찾지 못한 채 허둥거리기만 하고, 또 그것으로도 모자라 다툼을 벌이고 있습니다. 정치권은 정치권대로 이해득실을 따져 자기식의 논리에 대한 아집을 버리지 못하고, 각 계층은 또한 자기들대로 목소리만 높이고 있습니다. 그것이 결국은 상처만 깊게 할 뿐이라는 것을 모르는 것이지요. 아니, 뻔히 알면서도 그러는 것이겠습니다.

그렇듯 너무나도 큰 상처를 안아야 했던 여름이 끝나갈 무렵 교황이 이 땅을 다녀간 것은 결코 우연한 일이 아니었다고 여겨집니다. 지금 우리에게 무엇보다도 필요한 것은 치유입니다. 서로 보듬어 안고 어루만져야 할 때입니다. 서로를 위해 기도를 해야 되는 것입니다. 특정한 종교나 종교인이 아니라도, 그런 저런 형식을 벗어나 옷깃 여미고 두 손을 모아야 할 때가 아닌가요.

닫힌 창문을 엽니다. 곡식을 여물게 하고 과일을 익게 할 햇빛이 내립니다. 그 햇빛이 고개를 숙이게 합니다.

≪2014. 9. 1. 경남일보≫

용인 캣맘 사건을 보며

용인의 한 아파트 단지에서 길고양이를 보살피며 앞으로 닥칠 추위에 집을 만들어 주던 이른바 '캣맘'이 누군가가 던진 벽돌에 맞아 사망한 사건은 많은 이들의 주목을 끌며 안타까움을 더했다. 길고양이를 보살피는 행위를 두고 그걸 옹호하거나 반대하는 주민들 간에 갈등을 빚으며 일어난 증오범죄로 초점이 맞춰지면서 탄식의 소리가 들려오고 범인이 속히 검거되기를 바랐음에도 들려오는 소식은 수사에 난항을 겪고 있다는 것과 자칫 미해결 상태로 남을 가능성이 크다는 얘기로 해서 안타까움과 허탈함이 더하기만 했다.

그러던 차에 범인(용의자)이 검거되었다는 소식이 들려왔는데 경찰의 브리핑 내용에 너무도 어처구니가 없어 그만 말문이 막힐 지경이었다. 용의자가 이제 아홉 살밖에 되지 않은 초등학생이라는 것. 더군다나 아이는 사람을 향해 던진 게 아니라 학교에서 배운 낙하실험을 하기 위해서 그랬다는 것이 아닌가. 범행을 목적한 게 아니라 우연의 일치라는 이야기이다.

수사가 더 진행되어 밝혀지면 또 어떻게 바뀔지 모르지만 내 개인적인 판단으로는 초등학생의 그와 같은 주장은 뭔가 앞뒤가 맞지 않는 것 같다. 학교에서 배운 물리적 낙하실험이라면 아무 힘도 가하지 않은 채 그냥 낙하를 시켜야만 되고, 그렇게 한다면 바로 아파트 벽면 근처에 떨어져야 한다. 그런데 벽돌이 떨어진 위치는 아파트 외벽으로부터 7~8미터나 떨어진 벤치라고 하고, 그렇다면 일반 시멘트 벽돌이 가진 무게를 감안해 어림 계산해도 초등학생 정도의 힘이라면 전방을 향해 힘껏 던졌다는 얘기가 될 것이다. 어쩌면 그 정도의 무게라면 직선거리로 7~8미터 앞까지 던지기도 힘들지 않을까? 물론 이는 현장을 직접 찾아보지 않은, 뉴스에 보도된 내용들로 미루어 보는 것일 뿐이고, 보다 더 정확한 경위는 경찰에 의해 밝혀지리라 본다.

다만 애초의 추정처럼 캣맘에 대한 증오 범죄가 아니라는 점이 잘못 짚었구나 싶으면서도 그 사실에만 대해서도 어떤 안도감이 드는 게 아니라 뒷맛이 개운치 않고 뭔지 모를 혼란스러움만 남는다.

처음 증오범죄로 추정했다는 것은 그만큼 그것들로 인한 주민들 간에 갈등이 많았다는 이야기가 되고, 때문에 그런 추정은 자연스러웠고 어느 정도 개연성도 있어보였다. 누구나 그럴 것이라고 짐작했었다. 그 아파트나 어느 특정 지역의 이야기만이 아니라 우리들이 사는 많은 곳에서 그런 갈등이 일어나고 있다. 떠돌아다니는 길고양이들이 불쌍하고 애처로워 먹이도 주고 박스 따위로 집도 만들어주며 그 여린 생명들을 보살피는 사람들이 있는가 하면, 그렇게 하면 길고양이들이 더 들끓게 된다고 반대를 하는 사람도 있고, 간혹 실력 저지에 나서기도 한다. 길고양이들만이 아니다. 개들이나 다른 애완동물들도 마찬가지다.

모든 사람들이 다 똑같은 생각일 수는 없다. 각자의 생각이 다 다르다. 그러기에 사람인 것이다. 그렇게 서로의 생각이 다르다보니 충돌이 일어날 수밖에 없는 것도 사실이다. 하지만 마냥 충돌하기에 앞서 서로의 입장에서 한 발씩 물러서는 등 어떤 합의를 도출해내는 것도 양식 있는 시민의 자세가 아닐까?

그렇지만 정작은 그보다 더 먼저여야 될 게 있다. 도시의 어두운 뒷골목을 배회하고, 쓰레기들을 뒤지고, 불쑥불쑥 튀어나와 사람들을 놀라게도 하는 그 수많은 길고양이들은 다 어디서 나왔는가? 상당수가 자기들끼리 자연 번식을 했다고는 해도 그 자연 번식을 한 개체들까지도 모두가 사람의 책임이라고 아니할 수가 없을 것이다.

한때는 집 안에서 주인의 사랑을 듬뿍 받고 또한 그 주인에게 즐거움을 주며 길러졌을 고양이이고 강아지들이다. 사람살이가 각박해지고 느끼는 고독도 심해지면서 반려동물의 수도 갈수록 늘어난다. 반려伴侶란 말 그대로 짝을 이루어 함께함을 뜻한다. 그런데 짝을 이루어 함께하던 그 동물들을 싫증이 났다고, 병이 들었다고, 그 밖의 여러 이유와 핑계로 양심의 가책도 없이 유기해 버리고 마는 것 아닌

가. 그러면 그 동물들은 어떻게 되겠는가? 결국은 우리가 사는 주택가나 도시의 뒷골목을 떠돌아다닐 수밖에 없는 것이 아니겠는가 말이다.

어쩌면 우리가 유기해 버린 그 동물들이 아니었다면, 그리하여 그것을 보살피느라 거기 나와 길고양이 집을 만들거나 하지 않았다면 일어나지 않았을 사건인지도 모른다. 그리고 용의자인 그 초등학생도 부모가 좀 더 보살피고 우리가 좀 더 관심을 가지고 지켜보았더라면 그 높은 아파트 옥상에 올라가 벽돌을 던지는 그런 무모하면서도 엄청난 장난을 치지는 않았을 것이다.

과연 우리는 누구에게 이 책임을 물을 수 있겠는가?

≪2015. 10. 26. 서부경남 인터넷뉴스≫

꼴찌들을 기억하며

꼴찌들을 기억하며

인천 아시안게임이 한창입니다. 우리나라에서 세 번째 열리는 아시안게임이지요. 올림픽, 월드컵 등 커다란 스포츠 제전이 연이어 우리나라에서 열리는 것을 보며 국력 신장을 새삼 느끼기도 합니다. 연일 선전하며 정상에 오르는 선수들을 보면 더욱 그렇지요. 그리고 강인한 체력과 정신력으로 최선을 다하는 선수들을 보면 단순한 관람자의 입장에서도 그들의 건각(健脚)이 부러운 게 사실입니다. 그만큼 피나는 노력을 기울여온 결과라는 것을 알면서도 말입니다.

정정당당하게 겨루고 혼신을 다해 승리를 거머쥐고서 내지르는 환호와 시상대에 올라서서 흘리는 감격의 눈물은 얼마나 아름다운지요. 그것은 선수 개인의 기쁨이기도 한 동시에 우리 모두의 기쁨이기도 합니다. 하여 우리에게 즐거움을 선물해준 그 선수들에게 감사하고 또한 마음껏 박수를 보냅니다.

그러나 그게 전부는 아니지요. 승자 못지않게 박수를 받아야 할 사람은 패자들입니다. 승자가 있으면 반드시 패자가 있기 마련입니다. 아니, 승자 보다 패자가 훨씬 많습니다. 그리고 무엇보다도 중요한 것은 패자가 없으면 승자도 존재할 수 없다는 사실입니다. 그 수많은 패자 없이는 제 아무러한 승자도 결코 빛을 발할 수가 없습니다.

이는 그저 단순한 논리구조를 갖추기 위한 담론만은 아닙니다. 우리는 흔히 승자는 기억해도 패자는 기억하지 않습니다. 그래서는 안 된다는 걸 알면서도 말입니다. 어떻게 보면 그것은 당연한 것인지도 모르겠습니다. 안타까움은 바로 거기에 있지요.

오래 전, 지금은 작고한 소설가의 산문집 '꼴찌에게 보내는 갈채'가 베스트셀러에 오른 적이 있었지요. 그 책은 지금도 읽히고 있는 것으로 압니다만, 그처럼 많이 읽혔다는 것은 바로 많은 사람들의 가슴에 알면서도 그러지 못했다는 안타까움의 방증이 아니겠는지요.

물론 이는 스포츠 경기에 한한 이야기만은 아닙니다. 사람들이 사회를 이루고 살아가는 곳이면 언제 어디서나 승자와 패자가 갈리어 존재하기 마련입니다. 그리고 오늘의 승자는 내일의 패자를 예약해둔 것이고, 오늘의 패자는 내일의 승자를 예약해둔 것입니다. 영원한 승자도 영원한 패자도 없는 것입니다. 그렇게 본다면 승자의 환호도, 패자의 뜨거운 눈물도 모두 아름답지 않겠는지요.

이번 아시안게임에서, 승자보다 훨씬 많은 패자들 중에서 그래도 눈길을 놓을 수 없게 하는 것은 스포츠 약소국에서 온 선수들입니다. 메달을 다 휩쓸어가다시피 하는 스포츠 강국의 선수들 속에서 그들은 얼핏 초라하기까지 합니다. 부탄, 몰디브, 동티모르 등에서 온 선수들은 세계적으로 알려진 선수들과는 게임 자체가 성립되지 않는지도 모르지요. 그럼에도 그들은 자신과 또한 조국의 명예를 걸고 최선을 다하고, 그런 다음에는 금빛보다 더 환한 미소를 짓습니다.

우리는 그들을 기억해야 하는 것이 아닌가요. 오늘이 지난 내일에도 우리는 그들을 이야기해야 하는 것이지요.

≪〈2014. 9. 29. 경남일보≫

독거노인 유감獨居老人遺憾

어쩌면 내 신상의 한 부분을 드러내는 것도 같아 선뜻 내키지가 않지만 그래도 엊그제 겪은 일에 대한 불쾌감이랄까 찜찜한 기분은 며칠이 지나도록 영 삭여지지가 않아 필을 들었다.

외출에서 돌아와 막 자리에 앉았는데 초인종이 울렸다. 현관문을 열고 내다보니 낯모르는 여인이 서 있었다. 어떻게 왔느냐는 물음에 대뜸 한다는 소리가 독거노인 조사를 하러 동사무소에서 나왔노라 하는 것이었다. 낯모르는 여인의 느닷없는 방문이라는 사실도 그렇지만 '독거노인 조사' 라는 말에는 도대체 무슨 소리인가 싶어 벙벙하기만 했다. 더군다나 말투도 조심스러운 구석이라고는 하나도 없었고 말이다.

거듭 확인하고 나서야 정부에서 행하는 일 중 하나임을 알 수 있었다. 즉 65세 이상의 독거노인에 대한 실태조사 쯤 되는 모양이었다. 그런데 막상 그쯤 이해하고 나자 뭔지 모르게 먹먹해지기만 했다.

당황스럽기도 하고 얼굴이 화끈거리기도 했다. 더군다나 실태조사를 해가면 그 다음은 어떻게 되느냐고 물으니 대뜸 한다는 대답이 한 달에 두 번 방문해 대화를 해 주고 전화를 해준단다. 그 대목에서는 화가 나기도 했다. 막말로 죽었나 안 죽었나 확인하겠다는 것이 아닌가. 다른 건 모르겠다는 것이고.

나 스스로 한 번도 독거노인이라는 생각은 해본 적이 없다. 뭐랄까, 노인이라는 것도 아직은 나와는 먼 무엇이고, 비록 혼자 거주해도 자식들이 수시로 드나들고 매일 연락을 취하며 살다보니 독거란 느낌도 없다. 그런데 느닷없이 찾아와 독거노인이라며 한 달에 두 번씩 죽었나 안 죽었나 방문하고 전화를 걸어 확인한다는 말에는 그저 당황스럽고 화가 날 밖에.

물론 주민등록부상 사회적 합의에 따라 구분해 놓은 노령층에 접어들었고 또한 독거獨居로 나왔으니 저들은 그저 정해진 매뉴얼대로 접근을 한 것이겠지만 그 접근 방법에도 나름대로 갖춰야 될 최소한의 양식은 있어야 하지 않겠는가. 사실 이제 노인으로 취급하는 나이에 들어선 사람들은 그런 말을 들으면 상실감이 크다. 그런 반면에 절실히 도움이 필요한 노인들도 많을 것이다. 그런 저런 것들을 감안하면 대상자들에게 최소한 상처를 주는 말은 피해야 되지 않겠는가.

조사원이 돌아가고 난 다음 동사무소에 전화를 했다. 요즘처럼 흉흉한 세상에 조사원이 정말로 동사무소에서 나왔는지 확인할 길도 없던데 신분을 나타낼 만한 어떤 표식이라도 있어야 하지 않겠느냐

하고, 다녀간 조사원에 대한 예를 들면서 최소한의 소양교육은 시켜서 내보내야 될 게 아니냐고 했더니 수긍을 하긴 했지만, 앞으로 얼마나 개선될런지는 지켜볼 일이다. 이 나라의 복지정책과 일선에서 일하는 사람들이 진정을 가지고 일에 임하는지 말이다.

≪2014. 4.30. 경남일보≫

아이스버킷 챌린지

아이스버킷 챌린지. 많은 이들이 알다시피 이는 루게릭병 환자를 돕기 위해 기부금을 내면서 얼음물을 뒤집어쓰는 것을 말한다. 하필 얼음물일까 싶지만 이는 근육이 뒤틀리는 루게릭병 환자의 고통을 체험한다는 의미이고, 소셜 미디어를 통해 급격히 퍼져나가면서 하나의 유행이 되었다.

이런저런 매체들을 통해 잘 알려진 사람들이 이에 동참하는 광경을 보고 듣다보니 여러 가지 생각이 들기도 한다.

우선 먼저는 동시대를 살아가는 지구촌 사람들의 마음이 참 따뜻하구나 하는 생각이다. 지구라는 행성이 생겨난 이래 수많은 생명들이 터를 잡고 살면서 탄생과 소멸을 반복해왔고, 앞으로도 계속되겠지만 역시 서로가 나눌 수 있는 것은 동시대를 살아가고 있다는 그 공통분모가 있기에 가능한 것이다. 동시대가 아니라면 아무리 나누고 싶어도 불가능한 일이 아니겠는가. 물론 역사적으로 보면 대립과

분열과 반목이 끊임없이 되풀이되어온 것도 사실이지만 요즘처럼 소셜 미디어 등을 통해 동시다발적인 접촉이 이뤄지는 시대에서는 소통과 나눔이 가장 큰 덕목이겠고, 하여 오늘을 사는 사람들이 그러면서 존재가치를 확인해가는구나 싶은 것이다.

그리고 또 기부문화도 예전과는 많이 달라졌음을 실감하면서 시절의 변화도 느끼게 된다. 예전에는 거의 모든 게 다 엄숙주의였고, 기부문화 역시 예외는 아니었다. 어려운 시절을 살아오면서 기부라는 것이 일반 대중과는 거리가 멀었던 것도 사실이고, 그래왔던 까닭에 아직도 의식은 거기에 머물러 있는 형편이다. 기부는 특별한 사람들이 하는 것처럼 인식되고 거기에 준조세 성격까지 띠면서 근엄한 표정의 기부자 사진이 신문에 실리고, 성금 모금 방송이라도 있게 되면 봉투를 들고 나와 기자와 인터뷰를 하고 뉴스 시간이면 명단이 공개되는 게 당연한 것처럼 여겨졌었다.

그런데 지금은 기부도 이벤트나 축제처럼 진행된다. 그리고 일방적인 알림이 아니라 서로 소통하면서 이뤄진다. 기부뿐만 아니라 구호를 앞세우는 선거나 다른 것에서도 역시 마찬가지다. 많은 청중을 모아놓고 목에 핏대를 세우며 큰소리로 외치는 웅변이 아니라 각자의 귀에다 대고 속삭이는 것이고, 그러면서 서로서로 즐기는 것이다. 시대가 변하여 이제 웅변은 먹혀들기는커녕 도리어 반감을 사게 마련이고 함께 즐길 수 있는 장을 마련해야만 많은 사람들의 호응을 얻을 수 있는 시대다.

그런 면에서 보면 '아이스버킷 챌린지' 는 얼마나 적절한 것이었는가. 함께 즐기면서 기부도 하고, 그럼으로써 모두가 마음 훈훈해지는 것이다. 이것이 식지 않고 오래 지속되었으면 싶다. 또한 제 2, 제 3의 아이스버킷 챌린지가 생겨나기를 바라며 그러리라고 본다. 동시대를 살아가는 이웃을 둘러보면 어려움에 처한 사람들이 많다. 모두 함께 즐기면서 그들과 마음을 나눈다면 서로 훈훈하지 않겠는가.

≪2014. 9. 15. 경남일보≫

당호堂號
– 햇귀가스리

당호堂號, 그것에 관심을 가지게 된 것은 꽤 오래 전 어느 책을 읽으면서였다. 저자는 차茶를 좋아해서 한적한 숲에 차 마시는 공간을 마련하고는 당호를 붙였다고 했다. 당시, 나도 그런 것을 갖고 싶다는 생각을 했었다. 하지만 그 생각은 일상의 갈피에 묻혀 까마득하게 잊고 지냈다. 헌데 이즈음의 어느 날 불현듯 그것이 떠오르더니 마음을 쑤석쑤석 들쑤시는 것이 아닌가. 거처하는 집이나 방, 혹은 정자에 특정한 뜻을 담아 붙이는 당호.

흔히들 당호라 하면 사임당 같은 선인들의 당호를 떠올리며 고택이나 별장을 연상하게 될 것이다. 그렇지만 내가 거주하는 곳은 그런 고풍스런 집도 아니고 그저 보잘것없는 누옥이지 않는가. 그래도 허름할망정 괜찮은 이름 하나 붙여주면 내 삶의 공간이 밝아질 것 같은 생각이 들었다. 아직도 덜 떨어진 소녀 같은 취향이라 할지도 모르겠지만 꼭 당호라 하지 않더라도 나무판에 글귀 하나 새겨 걸어

둔다면 나 스스로 족할 것 같았다.

막상 그렇게 마음먹고 나자 당호를 무엇으로 하느냐, 이게 문제가 됐다. 하여 평소 잘 알고 지내는 서각書刻하는 분과 의논을 해가며 한자어보다는 순수한 우리말로 지어보려고 사전 따위들을 들추어가며 끙끙대었지만 생각이란 것은 그저 그 자리에서 맴돌기만 했다. 그런데 그게 또 여간 까다로운 게 아니었다. 어떤 격식이나 틀에 매이지 않고 머리 쥐어짜서 넉 자로 된 당호를 지어 갔더니 여자는 음이라서 양인 홀수여야 하고, 또 재齋 ,당堂, 방房, 실室 등이 붙어야 하는데, 글을 쓰는 사람이니 글을 지칭하는 게 들어가야 된다는 것이 아닌가? 참 황당했다. 어느 분이 현판을 붙이려 고민하다가 못 지어 결국에는 빈 현판만 걸었다던 얘기에 고개가 끄덕여졌다.

다시 또 몇 날 며칠을 끙끙거렸지만 도무지 이거다, 하고 떠오르는 건 없었다. 하다하다 안 돼 그만두자 싶었다. 하지만 그만두자 해도 생각은 쉽게 떠나지 않았고, 만나게 되는 지인들에게 이야기를 하며 하나 지어 주십사, 부탁하곤 했다. 그러다보니 여러 이름들이 들어오게 됐는데, 그 중에서 내 마음을 기울어지게 한 것은 '햇귀가스리' 였다. 햇귀는 순 우리말로 '아침에 뜨는 해의 빛, 즉 첫 햇살' 이란 뜻이고, 가스리는 '푸른 숲' 의 고어古語 라고 했다. 그러니까 동쪽 하늘로 막 떠오르는 생명의 신비가 가득 담긴 해의 첫 빛이 푸른 숲을 비춘다는 얘기였다. 그렇게 해서 결국에는 결 고운 느티나무 판자에 그것을 양각陽刻으로 새겨 걸어놓게 되었고, 시간이 날 때면 그걸 올려다

보며 그 뜻을 마음에 다지곤 한다.

각박한 세상, 자신을 추스르며 살기도 어려운 현실이다. 굳이 당호가 아니라도 좋다. 마음에 드는 글귀 하나 새겨 걸어두고 자신을 다스려봄은 어떻겠는가.

≪2014. 5. 7. 경남일보≫

어느 봄날에

해가 바뀐 게 엊그제인가 싶은데 어느덧 봄도 깊어져 간다. 창밖으로 보이는 햇살이 오늘 따라 더욱 따사롭게 느껴진다.

요즘 백세시대란 말을 흔하게 듣는다. 그만큼 수명이 늘었다는 이야기일 터이고, 그만큼 다른 사람들과의 관계망도 복잡하게 형성하며 살아갈 수밖에 없다. 그런데 만나고 헤어지는 그 수많은 관계 속에서 자신에게 맞는 좋은 사람을 만나기란 쉽지 않은 것 같다.

어쩔 수 없이 부딪쳐야 되는 사람들. 유난히도 마음이 여린 까닭일까? 살아오면서 그런 저런 사람들에게 직간접적으로 상처를 입어온 게 사실이다. 겉으로야 안 그런 척해도 돌아서면 스스로 갚을 길 없는 부채를 짊어진 것 마냥 허덕일 때도 많다.

얼마 전에 작고한 소설가 최인호 씨는 어느 지면을 통해서 '입만 까진 사람들이 많다' 고 했었다. 그렇다. 요즘 입만 까지고 까칠하고 또 언행일치가 안 되면서 시쳇말대로 부처님 가운데 토막이라도 되는 양 굴고, 또한 소위 문화인입네 하면서도 얄팍한 계산으로 영악하게 머리 굴리며 속으로는 배배 꼬인 사람들은 얼마나 많은가.

인간적인 순수성이 얼어붙은 요즈음 좋은 인간관계를 맺는다는 건 쉽지가 않다. 해서 사람들은 초록빛 아이 같은 감수성을 지닌 사람을 좋아한다.

한 번은 이런 일도 있었다. 갑자기 옛 친구가 찾아와 꼬박 하루를 같이 보내게 되었다. 그런데 그렇게 힘들 수가 없었다. 옛 친구라 당연히 반가워 이런저런 이야기도 나누고 밥도 먹고 했지만 그 모든 게 불편하고 진땀이 나도록 그네와 함께 한 시간이 힘들었었다. 반면에 비록 몇 마디 이야기를 나누지 않을지라도 그저 부담 없고 편안한 사람도 있다.

그렇다. 세상은 그런 관계를 코드가 잘 맞는다는 말을 한다. 허나 사람과의 소통에서는 걸러 만날 수도 없는데 어찌 내 입맛에 다 맞겠는가. 때론 서로 뜻이 맞지 않아 일어나는 불협화음이 있기 마련이다. 그래서 사람들은 그런 힘듦을 피해 비슷한 성향끼리 어울리기를 좋아하는지도 모른다. 하지만 이제는 살아온 세월에 값하기 위해서라도 그 모두를 끌어안을 수 있어야 한다.

이 봄, 기침 한 번 하고 길을 나서봄이 어떨까? 차가운 땅 속에서 겨울을 났던 구근들이 움을 내고 만물들은 기지개를 켠다. 그 속으로 길을 나서보자. 가을바람은 위에서 아래로 불고, 봄바람은 지면에서 위로 분다. 봄이 오면 소녀들 치맛자락이 부풀고 마음이 살랑대는 이유이기도 하다. 비록 나이는 먹었지만 이 봄날 하루쯤 봄바람에 치맛자락 부푸는 소녀가 되어보는 것도 괜찮을 게다. 어깨를 스치는 사람마다 웃음을 보내며 걷다보면 비록 작은 가슴이라도 세상을 넉넉하게 담아낼 수 있잖겠는가. 연둣빛 겨운 이 봄날에.

≪2014. 4. 9. 경남일보≫

가장 빠른 달

일 년 중 가장 빠르게 가는 달은 11월이 아닌가 싶습니다. 수치상의 날짜가 적은 2월은 그저 짧다, 하고 말지만 11월이면 '날짜'라는 단위가 '세월'이란 단위로 바뀌어 인지되면서 한 해가 다 간다는 세월의 빠름이 실감되는 것이지요. 정작 마지막 달은 12월입니다만 막상 그 달에 들어서는 해가 바뀐다는 사실을 당연히 받아들이게 되는 점도 있겠고, 또 심정적으로나 실제적으로도 분주한 일들이 많아 그런 저런 생각에 잠길 여유가 적다보니 빠르게 느껴지기로는 11월이 그 중 제일인 것 같습니다. 그래서인지 벌써부터 한 해를 마무리해야겠다는 말이 들리기도 합니다.

아무튼 이제 또 해가 바뀐다고 생각하니 세월의 빠름을 실감하는 것도 그렇지만 그 보다는 그 무상함에 쓸쓸해지기도 하고 문득 지난 날들을 돌아보면서 이만큼 살아온 햇수에 또 하나가 보태진다는 생각에 슬퍼지기도 합니다. 웬만큼 나이 먹은 사람으로써야 당연하겠지만 새삼 자기가 짊어진 숫자를 따져보면서 앞으로 남은 생도 헤아려보게 되는 것이지요.

그럼, 내게 남은 생은 얼마나 될까요? 최근 보도된 바에 따르면 영국 옥스퍼드대 교수인 콜린 블랙모어는 2050년이면 인간의 평균 한계수명이 120세가 될 거라 했고, 인간 수명이 500세까지 가능하다는 주장도 있다 합니다. 그게 사실이라 해도 나에게까지 해당되지는 않을 터이지만 우리나라가 해방 될 무렵의 평균수명이 50을 넘지 못했는데 지금은 80을 육박하는 걸 보면 결코 허황된 얘기도 아닌 것 같습니다.

오래 살고자 하는 것은 인류가 지구상에 출현한 이후 지속되어온 욕망 중 하나이지요. 보도된 대로 수명 연장이 가능해진다 해도 거기에는 삶의 질이 뒷받침되어야 할 것입니다. 많은 사람들이 단순한 생명 연장은 무의미하다 말하고 나 역시 오래 살기보다는 삶의 질과 거기 부여하는 의미가 중요하다고 봅니다. 오래 살고자 하는 인간의 욕망이야 누구에게나 마찬가지겠지만 개인적으로는 50년을 사나 100년을 사나 크게 다를 게 없다는 생각입니다. 다만 어떤 생을 살았는지가 중요하지 않을까요?

'날짜' 보다는 '세월' 을 생각하게 하는 11월도 깊어지고, 바람은 점차 더 스산해집니다. 이 달이 다 가기 전에 남강변에라도 한번 나가봐야 되겠습니다. 우리 고장에서 남강이라면 세월과 동의어로 봐도 무방할 터인데, 그 강변의 바람을 맞으며 내게 주어진 생의 의미와 올 한 해의 마무리를 생각해봐야겠습니다.

≪2014. 11. 9. 경남일보≫

선물

생각지도 않았던 택배가 왔다. 내가 주문한 적도 없고, 누구로부터 어떤 이야기를 들은 적도 없으니 잘못 배달된 게 아닌가 싶었지만 분명 내 앞으로 온 것이고 주소도 맞다. 컴퓨터용 좌식 책상과 의자가 오더니 그 다음에는 TV가 오고, 거기다 시간 맞추어 기사가 와서 친절하게 설치까지 해주고 가는 것 아닌가? 낡았더라도 이미 쓰고 있는 것들이 있으니 당장에 없으면 안 될 만큼 필요한 것은 아니지만 내게 적합한 물건들이긴 하다. 아이들 짓일 게 분명했다.

조그만 것도 아니고 괜한 짓을 했구나 싶어지자 은근히 부아가 나기도 했다. 한마디 말도 없이 그렇게 일을 저지르다니 말이다. 아이들한테 차례로 전화를 했다. 둘째의 짓이었다. 나의 나무람에 야단칠 것 같아 미리 전화를 못했다는 둘째의 말. 거기다가 또 덧붙이는 이야기가 겨울에 서재에서 춥게 지낼 것 같기에 이 방 저 방 다니지 말고 안방에서 TV를 보며 글 쓰면 좋겠다는 생각이 들어 그랬다는 것이다.

그 이야기에 쓸데없는 짓을 했다고 나무라면서도 정작은 콧날이 시큰해지고 가슴이 뭉클해졌다. 사실 자식이 아니라면 누가 이토록 생각해 주겠는가. 저도 아이들 키우며 살아가느라 바쁘고 힘들기도 할 텐데 마음 안에 어미를 넣고 다녔던 모양이다. 사실 날이 조금씩 차가워지기 시작하면서부터 컴퓨터를 안방으로 옮겨볼까 했지만 번거롭기도 하고 내 혼자의 힘으로는 엄두가 나지 않아 포기하고 말았었는데, 그랬기에 어미 마음을 읽고 있었던 게 아닐까 싶어진다. 어려서부터 생각이 깊고 마음 씀씀이가 비단결이더니 가끔씩 그렇게 가슴 뭉클하게 만든다. 어디 둘째뿐이랴. 첫째, 셋째가 다 더도 덜도 아니게 어미에 대한 마음 씀씀이가 깊다.

아무튼 설치 기사들이 돌아가고 나자 TV도 제 자리를 잡아 놓여지고, 컴퓨터도 옮겨진 모습이 내 시선을 사로잡았다. 썩 괜찮게 달라진 안방 분위기에 마음이 흡족해지는 것이고 말이다. 커다란 집에 혼자 살면서 서재며 이 방 저 방 돌아다니다보면 썰렁하기 그지없었는데 이제는 그러지 않고 허덕이며 감당해야 하는 그 썰렁함 역시 덜 느껴도 될 것 같았다.

그것도 그렇지만 나는 또 다른 뭔가가 부족한 것 같아 당장에 친구들에게 자랑을 늘어놓았다. 그러면서 친구들이 부러워하면 부러워할수록 목소리는 더 높아지고 말이다. 그러지 말아야지 하면서도 자식 자랑에는 칠푼이가 되는가.

생각해보면 이만큼 지내오고 나서도, 자식들이 다 장성해서 모두가 모자라지 않게 제 앞길 헤쳐 나가며 살고 있음에도 늘 어떤 부족함에 안타까운 마음이 되곤 한다. 좀 더 잘해주었더라면, 더더욱 뒷바라지를 해 주었더라면 지금보다 더 나은 자리에 올랐을 텐데 싶은 마음이어서 찾아왔다가 돌아가는 뒷모습을 보면 그냥 미안하고 안타까운 생각이 드는 것이다.

그건 자식 입장에서의 부모에 대해서도 마찬가지가 아닐까? 그처럼 마음을 써주면서도 말끝마다 죄송해요, 죄송해요 하는 것이 바로 그것일 터다.

어쩌면 그게 부모와 자식이고 가족이라는 것이 아닐까? 주고 또 줘도 모자라고, 보기만 해도 그저 안타깝기만 한 것이 부모 자식 간의 사랑일 것이다. 그래서 오늘도 해가 떠오르면 자식 생각을 하고, 부모 생각을 한다.

≪2009. 7. 29. 경남일보≫

딸, 그것에의 목마름

모임에 나갔는데 친구 하나가 유별나게 딸 자랑을 해댄다. 저간의 사정이야 그렇고, 늘어놓는 이야기야 항용恒用 세속적인 성공담이나 치부致富에 관한 것들을 넘어서지 못하는 게 뻔하다 할지라도 어쨌든 부러운 일면이기는 하다. 그도 그럴 것이 딸을 갖지 못한 사람으로서 세속적인 자랑거리야 뭐 그렇거니 하고 넘어가면 그만이겠지만 그런 것들을 만들어낼 수 있는 즉, 모녀지간에 의지하고 살아가는 것을 보면 막연히 부럽기도 하고 뭔지 모를 갈증 같은 것을 느끼게 되는 것이다. 나와는 아무런 관계도 없는 어떤 모녀가 하찮은 일로 아웅다웅 다투는 것을 보게 되어도 그렇고, 서로 친구처럼 지내는 모녀를 보게 되어도 그렇고 나도 딸이 하나 있었으면 좋겠다는 생각에 가끔 넋을 놓고 바라보게 되곤 한다.

물론 아들들이 없는 것도 아니고, 그 아들들이 남의 자식들 못지않게 마음을 써주긴 한다지만 그래도 그놈들 중에 하나만 딸이었어도 싶은 생각이 드는 것은 나이 들어가면서 더해진다. 아무리 아들들이 삭삭하고 곰살궂게 굴어도 딸 같지는 않은 것이 사실이고, 거기에 어머니 입장이라면 역시 딸도 더 헤아려줄 것은 당연한 일이 아니겠는가. 다시 말해 인간 감성을 자극하고 위무해줄 수 있는 쪽은 아무래도 아들 보다는 딸인 것이다.

그러한 것들을 미루어 일찍 알아차리기라도 한 것일까? 요즘 젊은 부모들, 특히 아빠들은 딸을 더 좋아하는 것이 보편적 세태인 것 같다. 그들을 보면 새삼 격세지감이 느껴진다. 깊게 뿌리박혀 내려오던 남아선호 사상으로 남녀의 인구비율 불균형이 사회문제로 대두되던 것이 불과 얼마 전의 일인데 지금은 아들 낳는 비법이 아니라 딸 낳는 비법이 나돈다고도 한다. 그게 감히 상상이나 해보았던 일인가?

물론 나는 아들을 낳고 어깨에 절로 힘이 들어갔던 세대이다. 아들을 낳으면 낳을수록 시부모에게도 떳떳할 수 있었고, 당사자 역시 비로소 할 일을 제대로 해낸 것 같은 기분이었었다. 그런데 지금은 전혀 그렇지가 않은 것이다. 거기에는 여러 요인들이 작용했을 터이다. 사람들의 달라진 의식과 사회구조의 변화와 그 밖의 여러 가지가 말이다.

어쨌든 시대도 변한데다 또한 나이까지 먹어가다 보니 딸 가진 사람들이 어깨에 힘을 주고, 딸 없는 나 같은 사람은 아들이 없는 것도 아닌데 뭔지 모르게 위축되는 기분마저 든다. 그래서일까? 한창 딸 자랑을 늘어놓는 친구를 향해 나도 모르게 나온 말이, '그만 해라, 나도 마트 가서 딸 하나 사올란다' 였다. 부러움에서 그런 되지도 않는 말이 나온 것이겠지만, 웃음을 터뜨리는 친구 앞에서 오기 부리듯 식식거리며 할 수 있으면 정말 어디 가서 딸 하나 사오면 좋겠다는 생각이 들었다.

≪2014. 5. 21. 경남일보≫

사 온 며느리

기억을 갖고 있다는 게 때로는 불편하고 더는 자신에게 짜증스럽기도 하여서 잊혔으면 싶은데도 잊히지 않는 것들이 있다. 그 기억을 놓아버리면 홀가분하고 마음 편할 것이 분명한데도 그래지지가 않아 떠오를 때마다 무겁고 공연한 괴로움 하나 떠안고 있는 형국이다. 몇 해 전에 보았던 일도 그런 것들 중 하나.

꽤 오랜 동안 병원생활을 하던 중이었다. 옆 병상의 환자는 고령의 노인이었다. 노인은 대소변조차 제대로 가리지 못할 정도로 상태가 좋지 않았다. 게다가 성격도 여간 깐깐하고 거친 게 아니어서 웬만한 사람은 상대하기가 어렵고 꺼려질 정도였다. 그런 노인의 수발을 드는 것은 앳되어 보이는 며느리였다. 온갖 타박도 모자라 입에 담을 수 없는 거친 욕지거리에 사납게 굴어도 그 앳된 며느리는 싫은 내색 한 번 않고 혼자서 병수발을 다 들었다. 대소변을 못 가리니 하루에도 몇 번씩 씻기고 옷을 갈아 입혀야 함에도 불구하고 짜증스러움은커녕 사근사근하게 굴며 그 모든 것들을 감당해냈다. 요즘 세상에 어디 가서 찾아보나 싶은 그 며느리, 국제결혼으로 오게 된 베트남 여자였다.

같은 병실 사람들이 보다 못해 노인을 나무랐다. "착하디착한 며느리를 왜 그렇게 못 잡아먹어 안달이냐, 멀리 시집와 고생하는 게 안쓰럽지도 않느냐, 좀 잘 대해줘라……." 그러자 노인이 쏘아붙였다. "저 년을 얼마나 주고 사왔는데 그라노. 돈 엄청 주고 사왔다 아이가? 고생한다꼬? 여기 와 사는 거 호강하는 기라. 지 살던 곳 가봐라. 예서는 꼭지만 틀면 수돗물 콸콸 나오는 것만도 제 팔자에 누려보지 못할 호강인 게지." 다른 거야 그렇다 해도 돈 주고 사왔다는 그 소리에는 대꾸할 말을 잃게 했다. 그게 무슨 이야기겠는가. 그만큼 돈을 들여서 데리고 왔으니 본전을 뽑아야겠다는 것이고, 말 그대로 돈 주고 사왔으니 종이고 노예라는 것이 아니겠는가. 내가 보기에도 그녀는 노인의 며느리이고 아들의 아내가 아니라 종이나 다름없었다. 부모와 가족을 위하는 것은 자식으로선 마땅히 해야 할 일이지만 한국에 와서 사라져가는 가정의 맥을 잇게 하고 가정을 살리는 큰일을 하고 있는데 말이다.

몇 해가 흘렀어도 그 일은 잊히지 않고 종종 떠오른다. 그리고 그녀를 생각하노라면 내 얼굴이 화끈거리고, 미안하고, 마음이 무거워진다. 마치 내가 죄를 짓기라도 한 것처럼.

요즘 다문화가정이라고 해서 외국 며느리를 들이는 가정들이 점점 많아진다. 그중에는 잘 적응하고 사랑 받으며 살아가는 외국인 며느리도 많지만 문화적 차이나 인식의 문제로 해서 마음고생을 치르는 이들도 많다. 여러 이해관계로 해서 먼 타국으로 시집 와 사는 저들. 적어도 평등한 사람으로 대접하며 손 한 번 더 잡아줘야 되는 것이 아닐까?

≪2014. 5. 14. 경남일보≫

가는 시월에 그리워지는 것

여느 해와 마찬가지로 시월이 되자 노벨상 수상자들의 이름이 발표되는데 이 나라 한 구석의 직장인 한 사람은 승진에서 밀려난 게 억울하다며 울분을 토했다. 화려한 노벨상 수상자들과 승진에서 밀려난 이 나라의 일개 직장인과는 도대체 무슨 상관이 있을까?

그 일개 직장인이 승진에서 밀린 것을 수긍하기보다는 울분을 토하는 데는 그만한 이유가 있었다. 잠시 일었다가 사라지고 말 울분이 아니라 오래 가지고 가지 싶었는데, 그는 실력에서 탈락한 게 아니라 학벌과 인맥에서 밀린 것이라 했다. 실력으로 치면 자신이 승진하는 게 마땅한데 학벌에서 뒤지는데다가 인맥에서마저 상대보다 못하다보니 그렇게 되었다는 것이었다. 물론 그의 그런 주장을 액면 그대로 받아들일 수도 없고, 객관적으로 검증된 이야기도 아니다보니 어디까지 믿어야 될지 모르겠지만 주변의 다른 사람들도 그쯤 얘기하는 걸 보면 전혀 근거 없고 접어두기도 어려울 것 같다.

그게 객관적으로 검증된 이야기가 아니더라도 그와 비슷한 이야기는 얼마든지 들을 수 있고, 때문인지 우리들은 일상사의 한 부분처럼 무덤덤하게 받아들이고 있다. 승진을 위해서는 부인을 앞세워 빚을 내서라도 선물을 사들고 상사 집 문턱이 닳도록 드나든다는 얘기는 아주 오래 전부터 들어왔고, 성공하고 좋은 배우자 만나 결혼하려면 좋은 대학을 나와야 된다는 말은 어려서부터 귀가 아프도록 들으며 자라왔다.

우리는 안다. 그게 정당하지 못한 일이며 큰 병폐이자 악습이고 그로 인해 이 사회가 좀 먹히고 있다는 것을. 그리고 결국에는 우리 자신들이 정작의 피해자가 된다는 것을. 그럼에도 사회가 그렇게 흘러가다보니 떠밀려가지 않을 수가 없다. 그러면서도 종종 한탄을 한다. 특히 안타깝고 자괴감에 차마 얼굴 들기가 어려운 이야기를 듣게 되었을 때가 그렇다.

우수한 인재가 국내 대학에서 연구를 하려 했으나 학벌이나 파벌을 앞세우고 출신 학교가 다르다는 이유로 받아주는 곳이 없어 외국에 나가 큰 성과를 내었다는 소식. 우리나라에서는 문제아 취급만 당하던 학생이 외국에 나가 큰 기량을 발휘했다는 이야기 등등. 종종 들려오는 그런 두뇌유출에 관한 것들을 접하노라면 왠지 부끄러워지고 한탄스러워지는 것은 비단 나 혼자만일까?

여느 때도 그렇지만 특히 노벨상 수상자들이 발표될 때면 더욱 그렇다. 올해도 그 명단에는 이웃 나라 일본인 학자들 이름이 올라 있다. 작년에도 그랬고, 그 이전에도 그랬다. 최근에는 거의 매해 수상자를 내다시피 한다. 그리하여 벌써 열 손가락을 두 번이나 다 꼽아 간다. 그것에 비하면 우리는 순수 학문분야에서의 노벨상 수상자는 단 한 명도 없다. 노벨상이 다냐고 하지만 그 말은 그저 자위의 안쓰러움만 더할 뿐이다.

시월도 하순으로 접어들고, 올해도 두 달 남았다. 바람 점점 차가워지는 날인데, 이래저래 실력으로 인정받는 온당한 사회가 그리워진다.

≪2014. 10. 20. 경남일보≫

서글픈 할머니의 인생

우리 집에 자주 놀러 오시는 할머니가 한 분이 있다. 그분은 나를 편하게 생각했는지 가끔 속내를 열어 놓곤 한다. 부지런하고 심성이 고운데다가 사리분별도 바른 편인데, 그럼에도 가슴앓이를 하는 건 다름 아닌 고부관계.

일찍 혼자되었다는 그분은 온갖 궂은일을 해가며 두 아들을 나름대로 잘 키워냈노라고 했다. 큰 아들은 결혼해 나가서 좋은 직장을 가지고 잘살며, 작은 아들은 아직 미혼이라 함께 살고 있다는 것, 그러면서 생활비는 함께 사는 작은 아들이 내놓는데 세상 어머니들이 다 그렇듯이 자식 돈 축내지 않으려고 가사도우미 일을 하고 있다.

그런데 어느 날 눈물바람을 하고 있는 게 아닌가? 왜 그러시느냐는 내 물음에 쏟아놓는 말이 손자가 보고 싶은데 볼 수도, 목소리를 들을 수도 없다는 것. 무슨 말인지 얼른 알아들을 수가 없고, 언뜻 죽기라도 했는가 싶었는데 그게 아니었다. 큰 아들네 집도 모를뿐더러

전화번호조차도 모른다는 것이 아닌가. 며느리는 시어미가 찾아갈까 봐 집을 옮기고, 전화번호도 바꾸고, 거기다가 전화번호 안내마저 차단시켜 놓았다고 했다.

그 이야기를 듣다 보니 세상에 어떻게 이런 일이 있나 싶었다. 가진 재산이 많았어도 그랬을까? 온몸을 다 바쳐 자식한테 투자한 끝이 이런 수모와 냉대라니. 자식을 위해 조금만 덜 희생하고서 자신에 대한 투자를 해왔다면 지금은 상황이 바뀌어 보다 더 당당한 어미로 살아갈 수 있지 않을까하는 생각이 든다. 젊어서 하룻길 건너기가 힘겨워 곡예 하듯 살면서도 자식만 키워 놓으면 보험처럼 노후 걱정은 없을 줄 알고 아낌없이 자식한테 바쳤을 것이다.

누군가 '고부간의 인연은 전생에 씨앗 인연이다' 고 하였지만 젊은 이들은 맞벌이를 선호하니 직장과 아이들 뒷바라지에 쫓겨 시댁도 자주 드나들지를 못한다. 그러다 모처럼 만나면 잠시 반가워하면 그만, 아옹다옹할 시간도 없다. 거기다가 부모들도 자식한테 짐이 되지 않으려 하니 그렇게 미움 살 일이 없어 고부간이라 해도 그냥저냥 좋게 살아간다. 그럼에도 또 한편에는 그 할머니 같은 분이 있는 것이다.

아드님은 뭐라고 하던가요? 하고 물으니 아들 역시 만날 길이 없어 직장으로 찾아갔더니 당분간 이대로 있어 달라고 하는 것이어서 아무 말도 못하고 돌아섰다고 했다. 할머니는 아들만 중간에서 힘들어한다는 걸 알고 체념하고 살지만 순간순간 짐승 같은 울음이 터지는 건 어쩔 수 없다고 했다.

언젠가 어느 일간지에서 '통크족' 이란 기사를 읽은 적이 있다. '자신들만의 오붓한 삶을 즐기는 노인 세대를 말하는데 이들은 손자·손녀를 돌보느라 시간을 빼앗기던 전통적인 할아버지와 할머니의 역할을 거부하고 자신들만의 인생을 추구한다는 것이다. 핵가족이 보편화 된 현대사회에 자식들과 떨어져 사는 노인 단독세대가 갈수록 증가하고 있다. 며느리와 자식 눈치 보며 사느니 경제적인 능력만 된다면 따로 사는 게 마음이 편하다. 이러한 현상은 자녀에게 의존하지 않고 취미와 여가활동을 즐기며 새로운 인생을 찾는 이른바 '실버세대의 반란' 이라고. 노인들은 멀어져가는 젊음이 서글퍼 자기에게 아낌없이 투자하고 자기 인생을 향유하며 살기에 요즘 백화점에서도 큰 고객은 젊은이가 아닌 '통크족' 이라고 한다.

삶이란 고뇌의 대상이 아닌 향유의 대상이라지만, 그것도 경제적 여유가 있는 사람들 얘기지 할머니 같은 분에게는 어림도 없는 소리일 것이다.

어떻든 며느리 입장에서는 다시 생각해보아야 할 일이 아니겠는가. 시어미가 있기에 남편이 있는 것이지 하늘에서 뚝 떨어진 게 아니다. 그러므로 남편을 생각한다면 그 어미도 품어야 하지 않겠는가. 이 땅의 며느리들이여, 그대들도 시어머니 될 날이 멀지 않다. 지나고 나면 생은 너무도 짧다.

≪2009. 7. 1. 경남일보≫

Ⅳ

문명의 공포

매머드 복원과 문명의 공포

최근 매머드 복원에 관한 보도를 보게 되었다. 매머드는 1만 년 전에 멸종한 코끼리의 조상이라고 한다. 동토의 땅 시베리아 무스까야 지역에서 잠깐 기온이 오르는 한여름에 매머드 화석을 채취하고, 이 샘플을 우리나라 수암연구소로 이송해 해동시켜서 핵을 추출하는 데 성공했으며, 대리모가 될 코끼리와 난자를 제공할 코끼리를 선정하는 과정 등이 내셔널 지오그래픽에도 방영되었다는 것이다.

그런 보도를 접하고 나서 밖을 나가 보았다. 목덜미를 간질이고 지나는 바람과 거리의 풍경, 굽이져 흐르는 강물이나 저 먼 들판의 모습들은 어제와 다름없다. 하나하나 들여다보면 사람들은 사람들대로, 수풀들은 또 수풀들대로, 그리고 그 속에 어울려 사는 이러저러한 동물들이나 작은 벌레들은 또 그것들대로 저마다 바쁘게 움직이며 복작대고 있을지라도 좀 멀리 떨어진 눈으로 보면 평화스럽기 그지없다.

그런데 문득 달라져 보이기도 한다. 이 거리나 저 들판에 복원된 매머드가 돌아다닌다면? 매머드뿐만이 아니라 이미 지구상에서 사라진 동물들이 되살아나 여기저기서 출몰한다면? '쥬라기 공원'은 영화로 그치는 게 아니라 곧 닥칠 현실이며, 이미 그렇게 되어가고 있는 것은 아닌가? 여러 생각들이 머릿속을 어지럽게 떠돈다.

자연과학이나 생물학, 유전공학 등 그런 방면은 문외한이고 여타에 관한 지식 역시 일천日淺하여 뭐라 말할 계제는 못되지만, 그리고 결국은 기우杞憂에 지나지 않을 테지만 그래도 나름의 생각들이 쉽게 밀쳐지지 않는 이유는 무엇일까.

지구상에서는 그것이 생성된 이래 수많은 동식물들이 나타나고 또한 사라져 갔다. 그렇게 탄생과 멸종의 과정을 거치면서 지구는 그때마다 생태계의 평형상태를 유지해왔다고 해야 할 것이다. 그런데 이미 멸종한 동물들을 인간이 나서서 하나 둘 복원해 놓는다면 평형상태의 생태계가 교란되지 않겠는가. 물론 매머드를 복원시킨다 해도 적절한 통제가 이뤄질 것이지만 시간이 지나면서 이런 일이 빈번해지고 일상적인 일처럼 진행된다면 통제를 넘어서지 않는다는 보장도 없을 것이다.

그것도 그렇지만 이 보도를 접하면서 또 다른 면에서도 놀라게 되는 게 있다. 물론 어제 오늘의 일만은 아니지만, 도대체 우리가 사는 세상이 어디까지 변하게 되겠는가 하는 게 바로 그것이다.

요즈음은 자고 일어나면 세상이 바뀌는 것 같은 기분이다. 그 변화의 속도가 얼마나 빠른지 그저 어리둥절할 뿐이다. 불과 몇 년 전까지만 해도 상상하지 못했던 일들이 속속 일어나고, 서로 경쟁하며 앞을 다투어 학문적 이론이며 첨단 기술과 첨단 제품들을 발표한다. 만화 속에서나 일어날 법한 일들이라지만 오히려 만화보다도 더 앞질러 나가는 현실이다.

그러한 것들을 대하다 보면 어디까지 발전할 것이며 어디가 끝일까 싶고, 나날이 발달해가는 이 문명이 어지럽다 못해 가히 공포스럽기조차 하다. 그것들을 웬만큼이라도 이해하기는커녕 따라가기에도 벅차 생각만으로도 숨을 헐떡이게 되고, 머리에 쥐가 날 지경이라는 기분까지 든다. 그리하여 계속 이렇게 나가다가는 우리 인간들의 두뇌에 과부하가 걸리는 게 아닌가 싶기도 하다.

아니, 이미 과부하가 걸려 허덕이고 있는 것은 아닐까? 과부하가 걸리면 탈이 날 수밖에 없다. 발전하는 속도에 따라가지 못해 일어나는 여러 사회적인 문제들을 비롯해 각종 정신질환에 시달리는 사람들이 많아지는 것 등등이 그것일 터이다.

그렇다고 모든 문명을 등지고 산 속으로 들어가 살 수도 없는 일이다. 어쩌면 그게 참 편할 것 같기도 하다. 아주 가끔씩 여러 이유로 문명을 거부하고 오지에 들어가 '자연인' 으로 살아가는 사람을 보기도 한다. 어느 면에서는 그런 사람이 부럽기도 하다. 하지만 그게 보통의 일반인들에게 적용될 수는 없는 일이고, 여러 사람들과 부대끼며 사회생활을 해나가다 보면 발달해가는 문명을 따라갈 수밖에 없는

데, 그렇게 현대인으로 살아간다는 것이 점점 녹록치가 않다는 게 문제이다.

자고 일어나면 어느새 저만큼 달려가 있고, 바라보면 현기증이 나는 세상. 그럼에도 어쩔 수 없이 그 속에서 살아가야 된다면 나름대로 안식의 방법을 찾아야 하지 않을까? 하다못해 화분에 풀 한 포기 심어 창틀에 얹어두고 물을 주어 가꾸다 보면 적어도 그것을 들여다 보는 시간만큼은 이 현기증 나는 문명 속에서 과부하가 걸린 머리를 식히며 잠시 비껴 서는 것이 되지 않을까?

≪2015. 4. 20. 서부경남 인터넷뉴스≫

우리는 동화를 잃어버리고 사는 게 아닐까?

연일 더위가 계속되고 있는 여름날이다. 여름이니 더위야 당연한 거고, 열대야 현상도 매년 치르는 것이니 그러려니 해도, 사십 몇 년 만의 더위라는 얘기도 있고 보면 올 여름 더위가 좀 유난스럽기는 한 모양이다.

기승인 이 더위에 그악스럽도록 울어대는 매미소리가 요란하고도 시끄럽다. 어찌나 울어대는지 거의 소음공해 수준이다. 어느 방송에선가는 그 매미소리에 소음 측정기를 들이대면서 그 측정값이 얼마라느니, 그건 어느 정도를 넘는 소음이라느니 하며 비교 값까지 제시해 보인다. 그 얘기를 듣고 나니 매미소리가 더욱 소음으로 느껴지는 것은 어쩌면 당연한 일인지도 모르겠다.

아닌 게 아니라 근년에 이르면서는 매미소리가 더욱 요란해진 것 같다. 농촌이야 물론이지만 도시라고 해서 크게 다르지 않다. 나무 몇 그루가 서 있는 조그만 녹지공간이면 어김없이 매미가 달라붙어

요란한 울음소리를 낸다. 어찌 보면 농촌보다도 도시가 더 심한 것 같다. 농촌 매미는 어둠이 내리면 울음을 그치지만 도시 매미는 밤에도 울음을 그치지 않는다.

매미의 천적이 줄어든 것일까? 아니면 생태계에 어떤 교란이 일어난 것일까? 그 이유는 정확히 모르겠지만 해가 갈수록 매미의 개체 수가 증가하고 그에 따라 소음공해로 느끼는 정도도 더해지는 것은 분명한 것 같다.

밤에도 그치지 않고 울어대는 도시의 매미소리. 그것은 누가 뭐래도 인간들 탓임에 틀림없다. 밤이면 도시 곳곳에, 그나마 수풀이 있는 녹지 공간 곳곳에조차 전등불을 대낮처럼 환하게 밝혀놓으니 매미들이 낮인 줄 착각을 일으켜 밤에도 울어대는 것이 아닌가. 그런데도 사람들은 제 탓은 않고 정신 나간 매미들이 밤에도 울어대 소음을 일으킨다며 뭐라고 해댄다.

그게 어디 매미 같은 곤충들뿐인가? 밤에 불이 환하게 밝혀지는 곳에서는 나무나 여타의 식물들도 잠들지 못하고 그저 웃자라기만 한다.

아무튼 밤에도 울어대는 매미소리가 정상일 리 없고, 낮이면 더욱 시끄러운 매미소리가 소음공해로 인식되는 것은 당연한 일인지도 모르겠지만 그것은 우리의 마음이 그만큼 각박해졌다는 얘기이기도 할 것이다. 우리가 언제부터 그렇게 매미소리를 공해로 받아들여 그 측정값까지 산출해내며 살았던가.

모든 것은 마음에 따라 달라지기 마련이다. 아무리 좋은 소리도 마음 상태가 나쁠 때는 소음 공해로 들리고, 마음 상태가 좋을 때면 웬만한 소리도 그렇게 귀에 거슬리지 않는다. 귀에 거슬리기는커녕 오히려 그 반대가 아닐까?

그러니까 매미 소리가 짜증스런 소음으로 들린다는 것은 곧 마음의 여유가 없어 각박해졌다는 얘기가 될 터이다. 그것은 또한 동화童話를 잃어버렸다는 것일 터이고.

그렇다. 오늘날의 우리들은 마음속의 동화를 잃어버리고 사는 사람들인지도 모른다. 어릴 때 우리를 꿈꾸게 했던 그 동화들은 다 어디로 갔는가? 우리들은 각자가 지녔던 그 동화들을 어디에다 팽개쳐두고 현실의 각박함 속에서 허덕이는가. 그러니 여름 한 철 노래하는 저 매미소리들이 시끄럽고 짜증스러울 수밖에 더 있겠는가.

어렸을 때 여름 하면 떠오르는 게 수박 등의 여름 과일과 물놀이 그리고 매미였다. 쏟아지는 땡볕을 피해 나무 그늘을 찾아 앉으면 들려오게 마련인 매미 소리는 시끄럽기 보다는 오히려 시원함을 더해주는 자연의 조화로운 장치였다. 곤충채집이란 방학숙제에서 빠질 수 없는 것 또한 매미여서 채집망을 들고 돌아다니다 보면 여름날 하루가 훌쩍 가버리곤 했다. 마루에 화첩을 펼치고서 배 깔고 엎드려 크레파스를 부러뜨려가며 그리는 매미 잡이 그림 속의 매미는 매번 그렇게 왕방울만 하게 돌출되어 보이곤 하지 않았던가. 보름 남짓한 기간 동안을 성충으로 살기 위해 땅 속에서 칠 년 이상을 견딘다는 매미의 일생은 몰라도 좋았다. 그저 저마다의 빛깔로 마음속에 자리하고 있는 모습들이면 족하지 않았던가.

그런데 우리들은 마음속에 간직했던 그 동화들을 잃어버린 채 각박한 현실에 치여 살며 허덕이고 있다. 그럴수록 마음의 여유는 더 없어지고 말이다.

그리해도 오늘은 숨 한 번 크게 쉬고 길을 나서볼 일이다. 이 도시의 어느 작은 녹지 공간 나뭇가지에서 매미소리가 들리지 않는가. 거기에 마음 속 어딘가 숨어 빛바랜 채 구겨졌을 동화를 꺼내 다시금 채색을 입히노라면 매미소리 시원하게 들릴 것 같다. 그 속에서 낮잠을 청해도 달콤하게 빠져들 것이고.

여름이 깊다.

≪2015. 8.10. 서부경남 인터넷뉴스≫

현대의 상형, 혹은 그림문자

각종 전자기기와 통신수단 등 첨단 문명기기가 없는 생활은 상상하기 힘든 오늘날인데 우리는 오히려 역사를 거슬러 올라가 고대시대, 더 나아가서는 선사시대에나 통했을 법한 상형문자나 그림문자로 소통을 하고 있다. 인터넷 상이나 SNS상에서 흔히 보고 서로 주고받는 이모티콘이 바로 그것이다.

인터넷이나 스마트폰 등은 말 그대로 첨단의 통신수단인데 그럼에도 그런 그림문자를 서로 주고받으며 소통을 한다는 것은 어찌 보면 아이러니컬하기도 하다. 더욱이 한쪽에서 그림문자(이모티콘)를 보내면 상대방도 무리 없이 알아보고 대응하는 그림문자를 보내오고, 제 삼자가 보더라도 그것을 무리 없이 읽어낸다. 그 간단한 그림으로 서로 간에 소통이 가능한 것이고, 어느 때는 문자나 말보다 의사를 전달함에 있어 더 용이하고 정확하기조차 한 것이다.

인간은 자신의 의사를 표현하고 전달함에 있어 다른 동물과 마찬가지로 소리나 몸짓, 얼굴 표정 등을 사용했지만 그 수단에는 시간적으로나 공간적으로 많은 제약이 따랐다. 소리는 멀리 가지 못할뿐더러 곧 사라져 버리기 마련이고, 몸짓은 한정된 공간에서 그것도 빛이 있을 때만 가능한 의사전달 수단이지 않은가.

그 시간적 공간적 제약성을 극복하기 위해 인간은 그림을 그리기 시작했고, 이 그림이 점차 단순한 형태로 발전하면서 기호화 한 것이 바로 오늘날 우리가 쓰고 있는 문자라는 것은 주지의 사실이다. 특히 초기의 한자漢字와 고대 이집트 문자가 그러하고, 소리글자인 한글이나 영어의 알파벳도 어떤 모양이나 의미를 기호화하고 점차 발전시켜 온 것은 마찬가지다.

사실 인간이 문자를 사용해온 기간은 전체 인류사를 놓고 볼 때 그리 길지 않다. 초기의 한자처럼 상형문자가 만들어져 그것으로 의사를 전달하고 소통하기 이전에는 그림으로써 그렇게 했다. 그러니까 문자시대 보다는 그림시대가 훨씬 길었다는 이야기이다. 세계에서 가장 오래라는 구석기시대의 알타미라 동굴벽화나, 우리나라 선사시대의 울산 반구대 암각화 등이 그것이다. 그런 그림들은 그 오랜 시공간을 넘어 오늘의 우리에게 그 시대의 여러 가지를 전달해주고 있다.

그런데 문자의 발전 단계로 보면 그런 그림에서 보다 단순화한 그림으로 나가고, 다시 상형문자 형태로 나가다가, 더 단순한 기호 형태로 바뀌어가게 되는 게 그 순서이다. 요즘 중국에서 사용되고 있는 한자들을 보면 옛날의 한자들과는 많이 다르다. 부분적으로 생략하고 변형시켜 단순화한 글자들이다. 그렇게 나가다가는 우리 한글처럼 변하게 될지도 모른다. 우리의 한글 역시도 지금보다 더 단순하게 변형될지 모른다.

이렇게 더 단순화시키며 발전하게 마련인 문자인데 각종 전자기기로 뒤덮인 이 첨단의 시대에 난데없이 상형문자이자 그림문자라고 할 수 있는 이모티콘이 등장해 우리는 그것으로 무리 없이 소통을 하고 있으니 어떤 면에서는 역사를 거슬러 선사시대쯤으로 되돌아간 것이 아닌가 싶기도 하다. 그리고 첨단시대에 탄생한 것이긴 해도 그것들이 현대문명과 공존한다는 점도 어찌 보면 아이러니하고 말이다.

그 이모티콘들을 보면 재미있는 것들이 많다. 그리고 그것들을 살펴보노라면 웃음을 짓게도 되고 고개가 끄덕여지기도 한다. 또한 그것들은 앞으로 더 많이 나타날 것임은 물론 진화를 거듭하게 되어 문자 못지않게 의사전달 수단으로 쓰이게 될 것은 분명하다. 어떤 때는 말이나 글로 나타내기 애매한 것도 이모티콘 한두 개로 보다 효과적으로 의사를 표현할 수가 있는 경우도 있다. 그러고 보면 인간은 태생적으로 문자보다는 그림에 더 친밀도를 보이고 쉽게 반응하도록 되어 있는 것은 아닐까?

어느 소설에서 글자를 모르는 등장인물이 멀리 떨어진 사랑하는 사람과 그림편지를 주고받는 대목이 나온다. 배를 불룩하게 그리고 그 안에 아기를 그려넣음으로써 임신 사실을 알리고, 연장과 상처를 그려서 다쳤음을 알리고, 배를 어루만지며 웃는 모습으로 행복한 마음을 전하는 식이다. 그러니까 사회적 약속이고 일정한 체계를 갖춘 문자라는 것을 습득하지 못했어도 그림으로는 그 습득 절차 없이 얼마든지 자신의 의사를 표현하고 상대방에게 전달할 수가 있는 것이다.

그런 까닭에 이 첨단의 시대에 도리어 현대의 상형문자요 그림문자라 할 수 있는 이모티콘이 더 발달하고 널리 쓰이게 된 것은 아닌지 모르겠다. 그렇다면 오늘은 나만의 개성적인 이모티콘을 하나쯤 만들어 보면 어떨까 싶기도 하다.

≪2015. 8 . 17. 서부경남 인터넷뉴스≫

최첨단 호화 개집

최근 우리나라를 대표하는 모 대기업체에서 3400만 원짜리 최첨단 호화 개집을 제작했다는 보도가 있었다. 어떤 이유에서인지는 모르지만 외국 언론이 먼저 보도하고 이를 우리 언론이 받아 다시 보도하는 형식이 취해졌다. 짐작하기로는 몇 가지 이유 때문에 외국에서 먼저 발표한 것이지 싶긴 하다.

소위 '도그 드림하우스'라는 이 호화 개집은 TV, 사운드 시스템, 소파, 애견용 러닝머신, 발로 누르면 과자가 나오는 자동 간식 지급장치 등 최첨단 개 편의시설을 갖추고 있다고 한다. 또한 개들이 소셜 미디어와 접하고 견주犬主들은 이를 통해 반려견들을 원격으로 살필 수 있다는 것이며, 견주에게 있어 이것은 일상에서 중요한 일이라는 것.

이런 기사를 읽으면서 뭔가 허탈하기도 하고 묘한 기분이 들기도 했다. 이는 비단 나뿐만이 아니라 기사를 접한 대부분의 사람들도 마찬가지인 것 같다. 인터넷 기사에 달린 댓글들을 보니 거의 모두가 비난 일색이고 긍정을 표하는 글은 찾아보기 힘들었다. 그러고 보면 우리의 정서상으로는 아직 받아들이기 어려운 것이 사실일 터이지만, 그래도 수요가 있으니 만들어냈을 것이고, 전망 역시 향후 수요가 많을 것이라고도 한다. 제작사측에서도 설문조사 결과에 의해 이 같은 일을 진행했다는 것이고 보면 그저 일회성 관심 끌기 용으로 만든 것도 아닌 듯하다.

나는 반려견이나 다른 반려 동물을 집안에 들이지 않고서 살고 있지만 예전과는 달리 이제 그것들은 이웃이나 주변에서 흔히 볼 수 있는 풍경이 됐다. 세상이 갈수록 각박해지는 때문에 사람들이 그런 식으로라도 마음 둘 대상을 찾다 보니 그렇게 된 터이기도 할 것이다. 그러면서 이제는 떼려야 뗄 수 없는 우리의 일부가 돼 버린 것 같기도 하다.

아무튼 반려견이나 반려동물은 사회적으로나 산업적으로도 우리의 일상에서 차지하는 비중이 크고 시간이 지날수록 점점 더 확대되어 간다. 국가라는 단위에서 보면 반려동물이나 그에 관련된 산업과 시장 규모는 엄청나고 거기에 종사하는 경제인구 역시 마찬가지여서 사회 경제적으로도 무시 못 할 정도의 한 부분을 차지하는 것은 부인할 수 없는 사실이다.

그러나 내가 좀 구식 사람이기 때문인지는 몰라도 요즘 사람들이 반려동물들을 대하는 태도에는 선뜻 이해되지 않는 부분이 많다.

물론 반려동물의 중요성이나 그것들에 대한 생명존중을 모르는 바는 아니다. '반려' 라는 말 그대로 그것들은 우리와 삶을 같이하는 생명이다. 더욱이 그것들이 우리 인간들에게 주는 정신적 위안은 굳이 이야기할 필요가 없을 것이다. 외로운 노인들에게 친구가 되어주고, 병자에게는 치료의 목적으로도 쓰이고, 맹인안내견에, 군견軍犬과 탐지견探知犬, 재난 현장에서는 인명을 구하기도 하고, 충직한 개가 주인의 목숨을 구했다는 보도도 가끔씩 접하게 된다.

그런 만큼 우리도 이들을 보호하고, 아껴 주고, 또한 생명을 지켜주어야 하는 것은 당연하다. 그것 때문만은 아니더라도 모든 생명은 소중하다. 이 지구에서 함께 숨을 쉬고 살아가는 한 그 생명의 가치가 더한 것이 따로 없고 덜한 것 역시 따로 없다고 해야 할 것이다.

그런데 요즘 반려동물들을 대하는 사람들을 보노라면 과도한 측면이 많아 허탈감까지 느끼게 한다. 물론 일부에 한한 것이기는 하겠지만 그런 사람들이 많아지고 정도도 더해가는 것 같다. 예전에 어른들은 기르는 개를 아무리 예뻐해도 방안에 들이는 법은 없었다. 미물이더라도 생명을 함부로 하지 않았지만 그러면서도 사람과의 구별은 명확히 했던 것이다.

그렇더라도 시대가 변했으니 반려동물들을 실내로 들이고, 가꾸고 치장해 주는 것쯤은 충분히 이해할 수 있다. 애견 카페로의 나들이 등을 통해 취미가 같은 사람들끼리 어울리면서 그것들은 그것들대로의 만남을 갖게 해준다는 것도 세태가 변했으니 수긍할 수 있는 일이다. 그리고 그것들이 죽음을 맞이했을 때는 함께 해왔던 만큼 그 죽음을 슬퍼하고 양지 바른 곳에 묻어주거나, 요즘은 묻어 줄만한 곳도 마땅히 찾을 수 없는데다가 함부로 묻을 수도 없으니 화장火葬을 해 주는 것은 그래도 이해가 가능하다.

하지만 애완동물이 죽었다고 사람이 죽었을 때처럼 장례식을 치르고 화장을 해 납골당에 모셔두고는 찾아가곤 한다는 것은 아무리 생각해도 이해 불능이고 과연 제 정신인가 싶기도 하다. 애완동물에 온통 마음이 빼앗겨 과년했음에도 결혼 같은 건 생각지도 않은 채 수입의 대부분을 거기에 쏟아 붓는 일부의 젊은이 역시 마찬가지다. 곰곰이 생각해보면 각박한 현대 사회가 그런 사람들을 양산시키는 것이겠지 싶기는 하다. 그럼에도 그런 사람을 보거나 그런 이야기를 들을 때면 도무지 이해가 안 되고 뭔가 허탈해지기까지 하는 것은 비단 나뿐일까?

하긴 그런 사람들이 있기에 3,400만 원이나 하는 최첨단 개집에 대한 수요도 있는 것이고, 기업체는 또 그런 사람들을 겨냥해 고가의 '도그 드림하우스'를 제작해내기에 이르렀을 것이다. 그게 과연 개들에게 얼마나 효용가치가 있을 것이며, 그게 개 위주가 아니라 사람 위주의 것이 아니냐는 점은 차치하고라도, 그 돈이면 시골에선 집 한 채 값이고, 수도권 원룸 전세 값이라는 말과, 돈이 없어 고시원 생활을 하는 사람들 이야기까지 나오고 보면 허탈해지지 않을 수가 없는 것이다.

어쨌든 일부 계층에 대해서 느끼던 위화감을 이제는 개한테마저 느끼게 될 날이 오는지도 모르겠다.

≪2015. 3. 16. 서부경남 인터넷뉴스≫

푸른 잉크의 편지

그리 오래지 않은 얼마 전의 일이었지요. 지인은 무척이나 오랫동안 거의 잊다시피 묵혀두었던 만년필을 꺼내 소제를 하고 또한 인터넷 쇼핑몰을 통해 필요한 잉크와 만년필용 잉크 카트리지를 구입하였다고 했지요. 그리고 새로 장만한 하얀 노트 위에 글을 써보기도 하고 누군가에게 편지를 쓴다고 했습니다. 만년필은 너무 오래 묵은 탓에 새로 잉크를 넣고서 글을 써도 나오지가 않아 그걸 버리고는 새 만년필을 구입해야하나 싶었는데 분해소제를 하고 나자 드디어 새 만년필처럼 글씨가 잘 써진다며 목소리 높여 웃었습니다.

그로부터 시간이 꽤 지났는데도 지인의 그 이야기는 잊히지 않고 지금도 귓가에 울려오는 듯합니다. 그 웃음소리와 함께 푸른 잉크의 그 산뜻함이, 더는 그 향기가 번져오는 것 같기도 합니다. 그것은 자신들도 모르게 잊고 있었던 우리들의 웃음소리이고, 산뜻함이며, 그 어떤 향기가 아니겠습니까? 그리고 지나고 또 지나서 아득해진 날들을 일깨우는 무엇이었습니다.

우리는 언제부터인가 만년필을 사용해 푸른 잉크의 글씨를 쓰는 것을 잊어버리고 말았습니다. 아주 간단한 메모조차도 그저 볼펜으로 몇 자 휘갈기거나 그러는 것마저도 구세대적인 것으로 치부돼 편리하고도 손쉬운 전자기기 등을 이용합니다. 푸른 잉크로 종이 위에 편지를 쓴다는 것은 더 말할 필요도 없지요. 이메일이며, 핸드폰 문자 전송, 카톡 등으로 서로 실시간 주고받으며 시간적 장애 따위는 느끼지도 않습니다. 이런 마당에 종이 편지를 쓴다는 것은 구세대적 발상인지도 모르겠습니다. 사실상 그처럼 편리한 것들을 놔두고 굳이 종이에 편지를 쓰고, 봉투에 담아 우표를 붙여서 우체통에 넣고는 그것이 하루 이틀 날짜를 지나서 우편배달부의 손을 거쳐 배달되기를 기다릴 필요는 없을 것입니다. 이처럼 빨라진 세상에 그런 것들을 고집하다보면 낙오자가 되기 딱 알맞을 겁니다.

그리하여 우리가 잃어버리고 만 푸른 잉크의 편지. 그 푸른 잉크의 편지는 그저 단순한 편지가 아니라 급속한 변화를 맞는 문화현상의 한 상징이 되기도 하겠지요. 무섭도록 변화해버린 세상에서 그 푸른 잉크의 편지는 아주 멀리 흘러가버린 문화이고, 그리하여 이제는 우리들의 추억이고 향수이며 차곡차곡 접어 저장해둔 기억들로만 존재합니다.

사실 내 또래의 세대처럼 다양한 문화와 문명의 변화를 경험하며 사는 세대도 없지 싶습니다. 우리가 어렸을 때만 하더라도 도시지역에 살지 않는 이상 전깃불조차 구경하기 힘들었습니다. 읍내에 나가야만 겨우 전깃불을 구경할 수가 있었지 그 외 대부분의 지역에서는 등잔불을 사용하고, 아궁이에 불을 때 밥 지어 먹고 살았으며, 발달한 문명의 혜택이라고 해봐야 벽에 걸린 스피커 상자를 유선으로 연결시켜 듣는 라디오 방송이 전부였습니다. 그러다가 차츰 트랜지스터라디오가 보급되고, 연탄불을 사용하는 가정이 일반화되고, 시골 구석에까지 전기가 들어가게 되고, 그러면서 텔레비전과 전화가 보급되더니 그로부터 얼마 지나지 않은 것 같은데 지금은 스마트폰이라 하여 각자가 컴퓨터 한 대씩 손에 쥐고서 거리를 활보하며 세상을 그야말로 손바닥에 놓고 들여다보는 시대가 되었습니다.

변화의 속도가 갈수록 빨라진다고는 하지만 돌이켜보면 그렇게 길지도 않은 세월 동안 세상은 엄청나게 변했습니다. 그런데도 우리는 당연하다는 듯이 그 변화의 속도를 따라가면서 거기에 적응해 살아가고 있습니다.

어찌 보면 참으로 놀라운 적응력입니다. 인간처럼 뛰어난 적응력을 가진 동물이 이 세상에 또 있을까요? 컴퓨터 한 대씩 손에 쥐고 다니면서 때와 장소 구분 없이 실시간으로 세상과 소통하고 서로 연락을 주고받는 우리에게서 과거의 모습은 찾아보기 힘듭니다. 유행하던 드라마나 스포츠 경기를 보기 위해 텔레비전이 있는 집으로 몰려들던 모습은 찾아볼 수가 없습니다. 밤새도록 편지를 쓰고, 그것이 마음에 들지 않으면 구겨 던지고 다시 써서 부치고 또한 며칠을 기다리던 끝에 답장 편지를 받아들고는 환히 웃던 모습은 어디에도 없습니다. 전화를 한 통 걸기 위해 동전을 바꾸고, 공중전화 부스 앞에 줄을 서서 기다리던 모습도 없습니다. 문학작품 속에서 아름답게 그려지던 그런 모습들은 이제 말 그대로 어쩌다가 묵은 책에서나 발견하고는 겨우 고개를 끄덕일 뿐입니다.

참 뛰어난 적응력이고, 그 적응력만큼 우리는 그리 오래지 않은 과거의 일들까지 잊은 채 그저 오늘을 살기에만 여념이 없습니다.

그런데 문득 오래 묵혀두었던 만년필을 꺼내 소제하고 푸른 잉크를 준비했다는 지인의 이야기는 얼마나 신선한 충격이던지요. 그것은 그저 앞으로 달려가기만 하면서 우리가 잊어버리고 미처 돌아볼 생각조차 못했던 것들을 일시에 깨워놓는 무엇이었습니다. 그리고 그것은 그 속에 감춰졌던 예전의 날카로웠던 감성들이 하나하나 살아나게 하는 것이 아니겠습니까. 첨단 문명에 밀려버렸던 우리의 소중한 추억들 말입니다.

오늘, 푸른 잉크의 편지가 그리워집니다. 거기서 번져 나오는 종이 냄새도 그리워집니다. 그리하여 창문을 한껏 열고서 모딜리아니의 여인처럼 목을 길게 빼고는 당신의 편지를 기다려봅니다.

≪2015. 4. 5. 서부경남 인터넷뉴스≫

인터넷 댓글문화에 대하여

얼마 전의 일이었다. 평소 존경해 마지 않던 석학 한 분에 관한 인터뷰 기사가 신문사 인터넷판에 올라왔다. 우리나라에서는 너무도 잘 알려지고 그만큼 활동도 많이 하신 분이다. 함에도 많이 연로하신 탓일까? 근래에는 활동이 많지 않은 것 같고, 때문에 예전과는 달리 언론에 노출되는 것도 매우 드물어졌다. 그래도 이름만 대면 웬만한 사람은 '아, 그 분' 하고 다 알아보는 석학.

오랜만의 인터뷰 기사라 글자 한 자라도 놓칠세라 꼼꼼하게 읽어 내려갔다. 그렇게 다 읽고 나서는 잠시 숨고르기를 하며 그 내용을 되새김한 뒤 다른 사람들의 느낌이나 반응은 어떤가 싶어 그 아래 달린 댓글을 보다가 나는 그만 놀라기도 하고 너무도 어이가 없어 한참 동안이나 입을 다물지 못했다.

그 댓글들. 그것은 자신의 느낌을 적거나 혹은 서로 다른 견해를 밝힌 게 아니었다. 거짓말처럼 그런 글은 단 하나도 찾아볼 수 없었다. 거의 대부분이 기사나 인터뷰 내용과는 상관도 없는 인신공격적인 것들이었다. 악플이라 하여 인터넷 댓글문화에 대한 얘기가 끊임없이 제기되고 있지만 대중적인 연예인도 아니고 많은 이들로부터 존경받는 석학에게조차 그런다는 것은 할 말을 잃게 만들지 않는가? 객관적으로 보더라도 안타까움일 수밖에 없는 그 분의 가정사도 비난의 대상이 되고, 그 분이 가지게 된 종교도 헐뜯음의 대상으로만 삼을 뿐이었다.

그런 댓글들을 얼마쯤 읽다가 나는 제 삼자라고 할 수 있음에도 왠지 화가 나서 더 이상 읽기를 그만뒀지만 시간이 좀 흐르자 뭔지 모르게 슬퍼지면서 그 사람들에게 묻고 싶었다. 그 석학의 저술을 한 권이라도 제대로 읽어봤는가? 그 석학의 강의를 경청했던 적이 있는가? 토론의 장에 나가 토론을 하며 자신의 주장을 한 마디라도 피력해 봤던 적이 있는가?

모르면 몰라도 그런 사람들 중엔 그 분의 저술 한 권 제대로 읽은 사람이 없을 것이다. 강의를 경청했던 적도 없을 것이고, 토론의 장에서 의견 한 마디 제대로 얘기했던 적도 없을 것이다. 그러면서도 그런 악플에는 누구보다도 앞장을 서는 것 아닌가.

악플 때문에 고소고발에 수사가 이뤄지고 사법처리까지 진행된다는 이야기가 어제 오늘의 일만은 아니지만 최근에는 어느 연예인이 견디다 못해 수사를 의뢰하며 합의나 선처는 없을 것이라 단정적으로 공표하고, 또 어느 나이 든 여배우는 자신에 대한 악플을 읽다가

화가 나서 스스로 가위를 들어 머리칼을 싹둑싹둑 잘랐다며 흉하게 짧아진 머리칼인 채로 방송에 나오기도 했었다. 얼마나 견디기 힘들었으면 그렇게까지 했을까?

그런 악플들이 사회적 문제로 대두되면서 TV 뉴스 시간을 장식하기도 하고 사법처리까지 된다는 이야기에도 왜 그치지 않는 것인가. 그치기는커녕 오히려 더 심해지는 양상이고, 일각에서는 선플 운동을 벌이기도 하지만 그다지 효과는 없어 보인다.

그것은 우리가 남을 비난하고 헐뜯으며 비판하는 데에 너무나도 익숙해져 버린 탓인지도 모른다. 남을 비난하고 비판하면 왠지 어깨가 으쓱해지고 자신이 더 우월한 존재처럼 여겨진다. 그 어떤 대열에 끼지 못하면 무의식적으로라도 나만 모자라고 뒤처진 것 같은 생각에 사로잡힌다. 그런가 하면 나보다 나은 자는 어떻게든 찌르고 깎아내려야만 직성이 풀린다. 그런 것들 외에도 여러 심리적인 요인들이 작용해 그러는 것이리라.

하지만 그런 댓글을 쓰기 전에 적어도 한번 정도는 생각해 보아야 하지 않겠는가. 남을 비난하고 헐뜯으면 언젠가는 자신이 그렇게 비난 받고 헐뜯음을 당한다. 남을 비판하면 자신 또한 비판 받게 마련이다. 그게 정한 이치일 것이다. 그리고 무엇보다도 역지사지易地思之란 말처럼 서로 입장을 바꿔 생각해보면 어떨까. 내가 상대방의 입장이 되어 본다면 그렇게 다른 사람이 한다고 해서 따라하지 못할 것이고, 그저 깎아내리기 위해서거나 아니면 개구리한테 돌 던지듯 별 생각도 없이, 단순한 재미로 그러지는 못할 것이다.

물론 건전한 비판을 하고 자기의 주장과 그에 따른 의견 개진은 마땅히 존중되어야 한다. 그게 일방적 전달에만 그쳤던 예전의 미디어 문화에서 정보화 사회로 일컬어지는 오늘날의 뉴 미디어 문화시대의 상호 소통에 있어 중요 덕목일 것이다.

향을 싼 종이에서는 향기가 나고 생선을 싼 종이에서는 비린내가 난다고 했다. 하늘 푸르고 별이 밝다. 밖으로 나서서 숨 한번 크게 들이쉬어 볼 일이다. 내 안에 품고 있는 게 무엇인가 생각하면서.

≪〈2015. 9. 14. 서부경남 인터넷뉴스≫

과부하의 세상에서 단순하게 살기

요즘 세상을 한 마디로 표현하자면 과부하過負荷의 시대가 아닌가 싶다. 과부하란 말 그대로 적정량을 초과해 짐을 짊어짐을 뜻한다. 주로 전기 동력을 사용하는 어떤 기기나 기계장치에 사용되는 말이지만 사람이라고 다를 게 없을 것이며 수레 따위를 끄는 짐승들도 마찬가지일 것이다. 적정량을 초과해 짐을 짊어지게 되면 제대로 작동하지 못하거나 망가질 수밖에 없음은 자명한 사실이다.

자고 일어나면 바뀌는 세상이다. 하루에도 그 수를 헤아릴 수 없을 정도로 쏟아지는 신기술과 신제품들, 그리고 각종 정보들에 눈앞이 어지러울 정도이다. 복잡다단하게 변해가는 사회 역시 마찬가지다. 그런 것들을 생각하노라면 머리에 쥐가 날 것만 같다. 그 수많은 것들을 익히고 정보를 수용하기에 우리의 뇌는 그 용량이 턱없이 부족하다. 말하자면 과부하가 걸리는 것이다. 자기에게 필요한 정보만을 취한다 해도 마찬가지다.

현대인들은 거의 모두가 과부하에 걸린 채 살아간다. 과부하에 걸리고 그게 자꾸 높아져 언제 폭발할지 모른다. 아니, 이미 곳곳에서 폭발 현상이 일어나고 있다. 생각지도 못한 각종 범죄며 사회병리현상에 또한 여러 가지 질병들이 바로 그것이다.

요즘 세상을 살아가자면 알아야 되고 익혀야 되는 것들이 너무나도 많다. 오지에 들어가 살지 않는 이상은 어쩔 수 없다. 그것들을 알고 익히지 않으면 낙오자가 되는 것이나 다를 바 없고, 세상을 살아가는 데에 불편하기 짝이 없을 뿐만 아니라, 자기에게 와야 될 당연한 어떤 이득이나 혜택들도 포기해야만 된다. 그렇기 때문에라도 기를 쓰고서 알아야 될 것들은 알기 위해 애쓰고 또한 익혀야 될 것들은 익히기 위해 노력하지만 거기에는 한계가 있다. 더군다나 나이 먹은 사람들에게는 더욱 그렇다. 모든 게 서툴고 어지럽기만 하다.

나이 먹은 사람들은 젊은 사람들에게 배울 수밖에 없다. 젊은 사람들은 적응력이 빠르고 직접 당면하여 겪는 상황들이니 그대로 익히며 생활하지만 나이 먹은 사람들에게는 그렇지가 못하다. 예전에 친구와 팩으로 된 우유를 사먹다가 친구 아버님께 하나를 드린 적이 있다. 당시 팩 우유가 처음 나오던 무렵이었다. 그것에는 팩을 열고 먹는 방법이 적혀 있었지만 친구 아버님은 한참을 만지작거리다가 어떻게 하느냐고 묻는 것이어서 실연해 뵈며 가르쳐드렸다. 바로 그와 같은 것들이다. 다만 우유팩이 컴퓨터나 그보다 더 복잡한 것들로 바뀌었을 뿐이다.

매일같이 쏟아지는 정보도 그렇지만 현대 생활을 해나가자면 하루가 다르게 쏟아지는 각종 기기들의 사용법을 익히고 여러 가지 이기利器들에 적응해 나가야 된다. 그러기 때문에 머리가 하얗게 센 노인들이 컴퓨터 등을 배우느라 애를 쓰고, 밖에서는 새로운 것들에 적응하느라 수많은 시행착오를 되풀이한다.

그러는 게 어디 노인들뿐인가? 새로운 기기들의 사용법을 익히느라 진땀을 빼는 것이야 노인들의 몫일지 모르지만 요즈음은 너무나 많은 정보가 쏟아지고 신제품들이 출시되며 살아가는 환경이나 상황 등이 복잡하게 변해가기 때문에 젊은이들 역시 새로운 기기 사용법을 익히느라 진땀을 빼는 노인들과 별반 다를 게 없다.

하여 그 많은 정보들을 수용하다 보면 뇌의 용량이나 능력에는 한계가 있는데 그걸 넘어서다 보니 과부하가 걸릴 수밖에. 그렇듯 과부하가 걸리면 정상적으로 작동할 수가 없다. 멈추어 버리거나 폭발을 하거나 여러 가지 이상을 일으킨다.

그게 무엇이겠는가? 생각지도 못한 정신질환이 나타나고 여러 가지 사회병리현상이 나타난다. 그리고 그것들은 연쇄살인 같은 끔찍한 범죄를 초래하거나 경우에 따라서는 상상 이상의 결과를 나타내기도 한다. 예전에는 생각지도 못했던 각종 범죄들이 끊이지 않고 일어나는 원인을 따져 들어가다 보면 앞서 이야기한 '과부하'를 비껴가기가 어렵다.

그렇다면 어찌해야 되는가? 무엇보다도 과부하를 풀어줘야 될 것이다. 요즈음 슬로우 푸드 운동이나 느리게 살기 운동이 일어나고 있는데 그게 바로 그런 것이지 않을까? 과속의 시대에 살지만 그럴수록 한편에서라도 천천히 사는 방법을 터득해야 되는 것이다. 넘쳐나는 이 정보화시대에 나 혼자만 그것들을 외면하고 살 수는 없다. 그렇더라도 그 정보들을 수용하는 한편에서는 그 과부하를 식히거나 덜어줄 수 있도록 단순하게 살아가는 것도 꾀해야지 않을까 싶은 것이다.

하루에 단 몇 십 분씩이라도 모든 어지러운 것들을 내려놓고 머릿속을 비워보자. 바쁘게 걷지만 말고 걸음을 멈추고서 고개를 들고 하늘을 올려다보며 바람을 얘기하고, 깊어가는 이 가을의 자연에 잠겨보는 것도 좋으리라.

≪2015. 10. 19. 서부경남 인터넷뉴스≫

어른들의 장난감

장난감이라고 하면 으레 아이들을 떠올리게 마련이지만 요즈음은 꼭 그렇지만도 않은 것 같다. 언제부터라고 단정적으로 말하기는 어렵겠지만 아이들이 아닌 바로 어른들을 위한 장난감이 나오고 수요도 점점 늘어나는 추세라는 것이다. 다시 말해 어른 아이, 즉 키드kid와 어른adult의 합성어인 키덜트족이 급속히 늘어나고 있다는 얘기인데, 가히 열풍이라고까지 말해진다고 한다.

어른들의 장난감이라고 하면 뭔가 색다르고도 특별할 것 같기도 하고, 자칫 드러내기에 민망한 성인물이 아닌가 생각할 수도 있겠지만 그렇지가 않다. 말 그대로의 순수한 장난감에 대한 이야기다. 특별할 것도 색다를 것도 없고, 흔히 아이들이 가지고 노는 장난감과 그리 다르지 않을 뿐만 아니라 대부분은 아이들용 어른용 구분도 없고 누가 가지고 놀아도 상관없는 것들이다. 굳이 구분을 하자면 상업적으로 어른을 겨냥해 만들어졌다거나 수요 계층에 따른 가격에 차이가 난다는 정도이다.

그런데 대부분의 모든 물건들이 수요 공급의 원칙에 따라 양쪽이 서로 함수적 작용을 하면서 이뤄지는 데에 반해 이 어른들의 장난감은 수요가 먼저 있고 나서 공급이 이루어졌다고 봐야 하는 게 옳을 것 같다. 다시 말해 수요를 예측하지 못했는데 그것을 찾는 사람들이 나타나고 점차 많아지다 보니 그 수요층을 겨냥해 생산과 공급이 이루어지게 된 것이라 할 수 있을 터다.

이 어른들의 장난감도 아이들의 장난감 못지않게 그 종류가 무척 다양하다. 어떻게 보면 구매력을 갖추고 있다 보니 오히려 더 폭이 넓고 종류도 많은 것 아닐까?

그 종류들을 다 열거할 수는 없지만 대략 보더라도 건담, 드론, 인형, RC카 등등이다. 아이들의 장난감이나 마찬가지로 언뜻 별 거 아닌 것 같지만 그렇지가 않다. 어느 정도 경제력을 갖추고 있는 어른들이다 보니 그들을 상대로 하는 그 하나하나의 가격들은 만만치가 않고 어느 것은 생각 밖의 고가이기도 하다. 그럼에도 거기에 빠져 사는 사람들이 많다.

어느 사람은 온갖 종류의 건담들을 집안 가득 수집하느라 수입의 대부분을 그것에 지출하며 직장에 다니는 시간 외엔 그 속에 묻혀 지내며 생활한다. 또 어느 여자는 자신의 자녀가 있음에도 자기만의 세계라고 하면서 인형들을 가득 데려다놓고 그것들과 이야기하고, 옷을 장만해 매일 갈아입히고, 머리까지 염색해주는 등 정성을 쏟느라 정작의 가족인 자기 자녀와 남편은 뒷전이다. 심할 경우는 정상적인 사회생활을 유지하지 못하기도 하고, 그 결과 고립을 자초하기도 한다. 물론 그런 정도인 사람들은 일부에 지나지 않는다 해도 아무튼 키덜트족이 늘어나고 있는 것은 사실이며 따라서 그에 따른 산업도 꽤 호황이라 한다.

예전에도 어른들의 장난감이 없었던 것은 아니다. 하늘에 날리는 연이나 윷놀이 따위가 그것이었다. 하지만 그런 것들은 장난감이라기보다는 문화로써의 놀이였고, 농한기나 명절 등에 한시적으로만 행해졌을 뿐 여기서 말하는 요즈음 어른들의 장난감과는 성격을 달리한다.

그렇다면 왜 이렇게 장난감을 찾는 어른들, 키덜트족이 자꾸만 증가하는 것인가. 그것은 어릴 때 장난감을 가지고 놀았던 것에 대한 향수이기도 하지만 고독하기 때문이 아닐까? 아니, 어쩌면 그 향수라는 것 자체가 이미 고독에 대한 방증인지도 모른다.

현대인들은 고독하다. 사회가 복잡 다변화하고 서로 얽혀갈수록 오히려 소통의 부재를 느끼고 고독감에서 벗어나지 못한다. 서로가 함께 어울려 웃고 떠들어도 자리가 파하고 돌아서면 몸서리치게 만드는 외로움을 떨쳐내지 못한다. 그건 집에 돌아와서도 마찬가지다. 예전처럼 여러 세대가 어울려 사는 것도 아니어서 가족이라고 해 봐야 몇 되지도 않는다. 게다가 서로의 일에 매달리다 보니 공통분모가 없어져 어쩌다가 대화를 하려 해도 어색하기만 하다. 그러다 보니 자신의 마음을 쏟아 부을 대상이 필요하게 된 것이리라. 그것도 어떤 마찰이나 의견충돌 없이 말이다. 마찰이나 충돌이 없으려면 역설적이게도 대화가 성립되어서는 안 된다. 그 조건을 충족시키는 게 바로 애완동물이나 장난감 등이다.

그러니까 애완동물이나 장난감을 찾는 어른들이 많아질수록 사회가 각박해진다는 얘기도 될 것이다. 그런 인구가 증가하다 보니 '산업' 이라는 말까지 붙게 되었지만, 앞으로 그런 것들을 찾는 어른들은 더더욱 늘어날 것이고, 따라서 관련 산업도 성업일 것은 분명해 보인다. 그것이 어쩔 수 없는 세태를 반영하는 것이라 해도 현대인들이 느끼는 고독감이 조금이라도 덜했으면 좋겠다.

≪2015. 9. 28. 서부경남 인터넷뉴스≫

책 읽지 않는 사회

우리나라 사람들의 독서량이 형편없다는 것은 어제 오늘만 얘기되는 것은 아니다. 헌데 최근에 와서는 독서량이 더욱 떨어진 모양이다. 여기저기서 책 읽기를 권하고 독서의 중요성을 말하고 있지만, 그리고 누구나 다 그것을 인정하지만 그럼에도 우리나라 사람들은 왜 그렇게 책을 안 읽는 것일까?

수년 전만 하더라도 드물긴 하지만 그래도 책 읽는 사람들을 그리 어렵지 않게 찾아볼 수가 있었다. 커피숍 같은 곳의 한쪽에 앉아 약속한 사람을 기다리며 숄더백에서 조그만 책 한 권 꺼내 펼쳐놓고 한 장 한 장 넘겨가며 읽다가 기다리던 사람이 나타나면 가만히 접어 한쪽으로 밀치며 웃음 짓는 모습은 타인의 입장에서 보아도 편안한 기분이 들었다. 공원 벤치에서도 살랑거리는 바람을 맞으며 누군가가 책을 읽고 있을 때 하늘하늘 날리는 머리칼은 다가가 만져보고 싶은 충동을 느끼게 하지 않았던가. 전동열차나 일반 열차 안에서 책을 읽고 있는 사람들을 보게 되면 그 사람의 머릿속을 들여다보고 싶다는 생각도 들곤 했었다. 그리고 어둠이 내린 거리를 지나다가 환하게 불 밝혀진 서점에서 책을 고르는 사람들을 보게 되면 전염되듯 그 유리문을 밀고 들어서게 되기도 했었다.

하지만 요즈음은 드물게나마 볼 수 있었던 그런 모습들도 거의 찾아볼 수 없게 됐다. 카페에서 사람을 기다리면서도, 공원 벤치에 앉아서도, 열차 안에서도, 길을 가면서도 사람들은 거의 모두가 스마트폰에 코를 들이박고 있다. 유모차를 밀고 가는 아기 엄마도 스마트폰을 들여다보는 데에 정신이 팔려 유모차를 연석緣石에 부딪치기 일쑤고 가끔씩은 위험천만한 일이 벌어지기도 한다. 그나마 자리를 지키고 있던 서점도 사라지고 그 자리에 술집이 들어선 지도 오래고 말이다.

세계에서 가장 바쁘게 사는 나라 한국. 우리나라 사람들에게 왜 책을 읽지 않느냐는 질문을 던지면 대개는 바빠서, 시간이 없어서라는 대답이 되돌아온다. 과연 그래서일까?

우리의 이웃인 일본은 독서량이 높은 나라로 잘 알려져 있다. 어느 보도를 인용하자면, 우리와 일본은 도서시장 규모에 있어서 우리나라는 1조 2489억 원이고 일본은 10조 6335억 원이며, 이를 인구비율로 계산해도 일본이 우리의 340%에 이른다고 한다. 다시 말하자면 우리나라 독자가 10권을 사는 동안 일본 독자는 34권을 사는 셈인데, 실상 이는 직접 책을 구입하는 양의 차이일 뿐이고 공공도서관의 규모와 이용량을 고려하면 독서량의 차이는 그보다 훨씬 크리라는 계산이다. 일본이 아닌 다른 나라와의 비교에서는 좀 다른 결과를 보인다고 한다. 독서율 설문조사에서는 우리나라와 유럽이 비슷하게 나타난다는 것이다. 하지만 전문가들은 신뢰도에 의문을 던지며 허수가 많으리라는 판단이다. 그리고 여행객들을 대상으로 호텔 침대에서의 행동 조사에서는 독서라고 응답한 경우는 조사 대상 25개국 가운데 우리나라가 19%로 꼴찌라고 한다. 24위로 나타난 멕시코가 25%이고 보면 조사 대상국이 더 많아도 꼴찌를 면키는 어려울 것 같다.

인간의 행동양식은 거의가 습관적인 성향을 나타낸다. 음식을 먹는 것도 그렇고 또 다른 여러 행동들에 있어서도 대부분은 습관화된 모습을 보이게 마련이다. 말하자면 자신에게 익숙한 행동을 되풀이하는 패턴을 보이는 것이다. 어려서부터 입에 익고, 손에 익고, 눈에 익은 것들을 거부감 없이 받아들이고 또한 의식적이든 무의식적이든 그게 행동으로 나타나게 되어 있다. 독서도 마찬가지이다. 어려서부터 독서가 습관화되었다면 그것은 내내 반복행동으로 나타날 것이다.

그렇게 본다면 우리는 어려서부터 독서습관을 익히지 못했다는 이야기가 될 것이다. 맞는 이야기가 아니겠는가. 그것은 우리 사회의 교육에 대한 철학의 부재와 부모들의 잘못된 인식을 말해 주는 것이기도 할 터이다.

우리나라처럼 사교육이 강한 나라가 또 있을까. 아이가 태어나면 아장아장 걸을 때부터 사교육은 시작된다. 방문 학습지 교육에서부터, 유치원에 다니기 시작하면 벌써부터 피아노학원 미술학원 등을 돌고, 초등학교에 들어가면 적어도 서너 개의 학원에 다니고, 그것은 대학에 들어갈 때까지 이어진다. 또한 대학에 들어가서는 취업을 위한 스펙 쌓기에만 매달려야 되고.

이러한 상황에서 언제 독서를 하고 습관을 들일 수 있겠는가. 학교 수업을 끝내고도 몇 개씩의 학원을 돌다가 밤이 늦어서야 지쳐 돌아오는 아이에게 편안하게 다른 책들을 읽으며 그 세계에 빠져들기를 기대한다는 것은 있을 수 없는 일이다. 그리고 그렇게 이어지다 보니 책과 가까이하기는커녕 오히려 멀리하게 되고, 그러는 것이 결국은 우리나라가 조사 대상국 중 독서에 대한 응답이 꼴찌라는 결과로 나타난 것 아니겠는가.

지금이라도 우리 사회의 교육에 대한 철학이 바로 서고 학부모들의 인식도 새로워졌으면 싶다. 그리하여 지금의 아이들이 성장했을 때는 숄더백이나 여행 가방에 적어도 한두 권씩의 책은 나오고, 주부들의 시장바구니 한쪽에 책 한 권이 꽂혀있어 보는 이들조차 맑은 햇빛에 고른 치열 드러내고 웃으며 마음 넉넉해지기를.

≪2015. 5. 11. 서부경남 인터넷뉴스≫

우편번호와 도로명 주소

오랜 동안 써오던 우편번호가 금년 8월 1일부터 바뀐다고 한다. 도로명 주소를 사용함에 따라 그에 맞게 개편을 하게 된 것이라는 얘기이다. 사용하는 주소 체계가 바뀌었으니 우편번호 역시 바뀌는 건 당연한 일인지도 모르겠다.

어느 지역에 일련의 고유 숫자를 부여해 나타내는 우편번호는 우리에게 어떤 정착성定着性의 의미를 나타내 표지標識처럼 인식된다고 해도 과히 틀리지 않을 것 같다. 유랑민流浪民이 아니라 정착민에게 붙여지는 고유의 숫자이기도 한 것이다.

그래서일까? 우편번호라 하면 오래 전에 나왔던 이어령 님의 수상집隨想集 '떠도는 자의 우편번호'가 떠오른다. '떠도는 자'와 '우편번호'라는 것은 서로 상충되는 의미를 담고 있는 단어이다. 상충되는 의미를 담은 두 단어를 한데 어울려 놓으니 묘한 의미망으로 엮여 다가온다. 떠도는 자에게 어떻게 정착성의 우편번호를 붙일 수 있겠는가? 어떤 형식의 우편번호가 떠도는 자에게 적합할 것인가?

아무튼 우편번호라는 것은 적어도 지난 시절 연애편지 같은 것을 써왔던 사람들에게는 추억을 불러일으키기도 한다. 광고물이나 고지서 등 대량 우편물 발송이 아니고 개인이 한두 통씩 우편물을 보내게 될 경우 우편번호부를 뒤적여가며 여섯 개의 붉은 네모 칸에 각기 해당되는 숫자를 찾아 적어 넣곤 했던 기억들을 우리는 가지고 있다. 물론 지금도 예전 같지는 않지만 개인적으로 우편물을 보내려 하면 마찬가지로 우편번호를 적어 넣어야 되고.

그런데 도로명 주소 사용에 따라 우편번호가 바뀌는 것이야 그렇다 쳐도, 나 개인적으로는 이미 전면 시행된 지도 한참이나 지났음에도 불구하고 지번 주소에서 도로명 주소로 바뀐 점은 여전히 썩 달갑지가 않고 어떤 아쉬운 생각마저 드는 것은 어째서인가? 앞으로 시간이 지나면서 익숙해지면 그런대로 괜찮아질 수도 있겠지만 그래도 자꾸만 글쎄다 싶게 고개가 갸웃거려지기는 마찬가지다.

지번 주소는 우리가 1백년 가까이 써온 것으로 우리 생활에 너무도 깊게 뿌리내려왔고, 거의 모든 게 그것을 근거로 이루어져 왔다. 그런데 몇 년의 준비 기간을 가졌다고는 하지만 그것을 갑자기 바꾸려니 쉽지도 않고, 써야 된다고 하니 쓰면서도 그렇게 피부에 와 닿지는 않는 느낌이다.

지번 주소는 비효율적이어서 정보화시대에 앞으로 거기에 드는 사회적 비용이 막대하다고 하지만 그 산출 근거가 어디에 있는지, 정확히 어떤 방식으로 계산해 내었는지는 내가 사회학자도 경제학자도 아니어서 자세히는 모르겠다. 하지만 임야 따위의 부동산에는 도로명 주소를 사용할 수가 없어 지번 주소를 그대로 사용해야 된다고 하니 그 이중적 사용에 따르는 비용을 계산한다면 설득력이 떨어지는 말이다. 도로명 주소로 전환하면서 천문학적 예산이 소요되었다고 하는데 과연 그만한 예산을 투입해야 되는 사업이었는가 싶기도 하고, 그것을 사용함에 있어 야기되는 혼란에 따른 사회적 비용은 왜 산출해내지 않았던가 싶기도 하다. 또한 도로명 주소 사용에 대한 이해를 돕기 위해 홍보활동을 하면서 응급상황 발생 시 주소를 쉽게 찾을 수 있다는 점을 내세웠지만 요즘 시대에는 네비게이션이나 스마트폰을 이용한 주소 찾기면 어디든 쉽게 찾아갈 수가 있지 않은가. 만약 사업 추진 초기에는 그만한 상황이 못 되었다고 한다면 그것이야 말로 근시안적 행정이었음을 드러내는 것일 터이고.

하지만 보다도 이야기하고 싶은 것은 무엇인가를 따지자는 게 아니라 동명洞名조차도 사라져 버린 도로명 주소를 사용함에 있어 잃는 것들도 많다는 점이다. 우리의 기억을 점유하고 있는 것은 대부분 읍, 면, 동, 리 단위로 이루어져 왔다. 성북동이라든가 하대동이라든가 하면 거기에 얽힌 추억들이 되살아나오게 마련이다. 미아동(리) 하면 6.25 전쟁과 '단장의 미아리 고개' 란 노래가 떠오르고, 판문동 하면 진양호와 거기서 함께했던 친구가 떠오르는 식이다. 또 우리의 문학작품 속에서는 얼마나 많은 동洞과 리里가 등장하는가. 그것은 결코 금액으로 환산할 수 없는 소중한 문화적 자산이고, 개인적으로 보더라도 무엇과도 바꿀 수 없는 추억들이다.

그야 어찌되었든 이미 시행된 일이니 따를 수 밖에 없고, 거기에 익숙해지도록 해야만 할 것이다. 거기에 든 비용이 얼마가 됐든 다시 되돌려 지번 주소도 우편번호도 그대로 쓰면 어떨까 싶지만 그거야 어디까지나 개인적으로 잠시 잠깐 해보는 생각일 뿐이고 말이다.

그런데 옛 지번 주소를 그대로 쓰고자 하는 사람이 의외로 많다는 것은 어떻게 받아들여야 할까. 그것은 단순히 도로명 주소의 낯섦과 아직 익지 않음에서 오는 것만은 아닐 터이다. 비록 어느 한 곳을 정착지 삼고 거기에 정착점을 두었을지라도 도시의 유랑민으로 살아가는 현대인들. 그럼에도 각자 고유의 우편번호를 마음 속에 간직하고 있음이 아닌가.

≪2015. 5. 25. 서부경남 인터넷뉴스≫

황혼 이혼 황혼 재혼

세상 모든 생물 중에서 사람처럼 복잡한 관계를 이루며 살아가는 존재가 있을까? 고등동물에서 하등동물에 이르기까지의 동물들은 물론이고 식물들까지 모든 것들은 서로 관계를 이루며 살아간다. 그렇게 본다면 어떤 의미에서는 무생물 역시 그러할 것이지만, 아무튼 호흡하는 것들은 혼자서는 존재할 수 없고, 따라서 상호가 작용하는 관계망을 형성할 수밖에 없다. 그리고 그 관계망은 하등동물에서 고등동물로 올라갈수록 복잡하고 다양해지게 마련인데 그 최상위에는 사람이 차지하고 있다.

이 복잡한 관계망에서는 서로 갈등을 일으키지 않을 수가 없고, 그것은 당연히 관계가 밀접할수록 비례해 높아진다. 그럼에도 불구하고 관계를 원만히 유지시켜가는 것은 갈등의 대립 개념인 사랑이 있기 때문이다. 그러니까 밀접한 관계에서 갈등과 그것을 포용 또는 덮어주는 사랑 중 어느 쪽의 비중이 높아지느냐에 따라 관계의 호불

호好不好가 달라지는 것이다.

속해 있는 여러 단위의 사회에서 가장 밀접한 관계망을 형성하고 있는 것은 역시 가족이고, 그 가운데서도 부부이다. 물론 부부는 사랑을 바탕으로 형성된 관계지만 밀접하기 때문에 많은 갈등을 보이지 않을 수 없다. 그러면서도 부부는 갈등을 사랑으로 봉합해나가기 마련인데 더 이상 봉합할 수 없는 지경에 이르면 파경으로 치닫는다.

이혼. 이제는 우리 사회에서 흔한 얘기가 돼버렸다. 결혼한 지 얼마 안 되는 젊은 사람들이나 중년들도 그러하고, 생을 거의 다 살았다 싶은 늙은 사람들 역시 그러하다. 새삼스런 뉴스거리도 안 되는 황혼 이혼이다.

그들이 복잡하지만 안정적으로 유지해왔던 여러 관계망을 깨뜨리면서까지 황혼 이혼을 감행하게 되는 것은 무엇일까? 물론 거기에는 여러 가지 이유가 있을 것이다. 예전과는 달리 길어진 수명에 그만큼 늘어난 결혼생활 기간으로 하여 증폭되는 갈등에, 사회적인 인식 변화와 각 개인의 의식 변화도 한몫 했을 것이다. 하지만 무엇보다도 삶의 가치추구가 저들을 그동안 걸치고 있던 자신들 관계의 옷을 벗어던지고 과감히 나서게 하지 않았을까?

인간이 다른 동물과 구별되는 점은 삶의 가치를 추구한다는 것이다. 가치, 즉 자신의 삶에 의미가 훼손되거나 더 이상 그 훼손됨을 용납할 수 없을 때 비록 늦은 나이일지언정 분연해질 수밖에 없다.

그렇게 황혼 이혼을 하고 나면 거기서 그치지 않고 다시 새로운 출발을 하게 되는 것도 어쩌면 당연한 수순이고 마땅한 일인지도 모른다. 그 역시도 삶의 가치를 추구하기 위한 선택인 것이다.

황혼 이혼이나 황혼 재혼에 대한 논의의 시기는 이미 지났다. 우리 사회의 변화가 그만큼 빠르고도 깊게 진행되었다는 이야기이다. 이제 그것은 당사자 각 개인들의 선택일 뿐이고, 사회도 사시斜視로 보는 일 없이 순순히 받아들인다.

하지만 황혼 이혼이든 황혼 재혼이든 그걸 선택함에 있어서는 복잡하지만 지금까지 안정적으로 유지해왔던 관계망이 흔들리고 또한 새롭게 형성되는 관계망에 또 다른 갈등을 안고 가야 된다는 사실을 받아들여야 할 것이다.

그것에 대한 논의의 시기가 지났다고 해도 주변에서나 뉴스를 통해서나 종종 그에 얽혀 비롯되는 여러 이야기들이 들려온다.

누군가는 어느 정도 예상은 했지만 막상 황혼 이혼을 하게 되자 자식들과의 관계도 묘하게 틀어지고, 재산분할로 인한 갈등이 빚어지면서, 또한 재산상속 문제로 인해 자식들 사이의 관계까지도 뒤틀리게 되었다는 것이다.

그런가 하면 황혼 재혼을 했는데 자식들 때문에 혼인신고를 하지 않은 채 살다가 한쪽이 오랜 병석에 눕게 되면서 헌신적으로 하는 병수발이 고마워 얼마간의 재산을 물려줄 생각으로 죽기 전에 몰래 혼인신고를 했는데 그것 때문에 의붓자식과 재산분쟁이 일어나고, 또 어느 사람은 혼인신고를 하지 않은 채 사실혼 관계를 유지하면서 상당액의 동산動産을 증여했는데 그로 인해 의붓자식과 법정 다툼까지 일어났다고 한다.

우리는 모두 저마다의 가치를 추구하며 살아가는 '사람' 이다. 그 과정에서 서로간의 관계가 순연하지 못하게 얽히면서 갈등이 빚어지기도 하고, 어떤 면에서는 그게 당연한 발생이기도 하지만 앞서의 경우 모두가 재산문제를 바탕에 깔고 있다는 점이 우리 사회의 한 단면을 보는 것 같아 씁쓸하기만 하다.

≪2015. 10. 5. 서부경남 인터넷뉴스≫

V

그녀에게 보내는 갈채

그녀에게 보내는 갈채

한가한 오후다. 혼자만의 시간에 지쳐 차 한 잔 마시려고 준비를 하는데 전화가 왔다. 잘못 걸려온 전화라 할지라도 반가워할 판인데 시를 쓰는 아우다. 인터넷 공간에 시를 발표하면서 알게 되어 언니 동생 하는 사이로 발전하게 됐다. 맑은 영혼을 가진 그녀. 목소리도 맑다.

천성이 그러한 탓도 있겠지만 그녀가 그처럼 맑은 영혼을 유지해 나가며 울림 깊은 시를 쓰는 것은 남다르게 지난한 삶을 살아온 때문은 아닐까?

그녀는 사십 대에 이르러 뇌출혈로 쓰러졌다고 했다. 그게 불행의 시초였을까? 일은 거기서 끝나지 않았다. 그 상황에서 남편과 헤어지는 아픔을 겪게 되었다고 했다. 병원비조차 없이 말이다.

이제는 어느 만큼의 세월이 지난 터라 담담하게 이야기 하고 듣는 사람 역시 담담하게 듣지만 당시의 그 상황에서는 얼마나 참담하고 절망스러웠을까. 세상에 대한 두려움은 얼마나 컸을 것이며 또한 앞날이 얼마나 막막했을까?

그럼에도 하나님을 만나려고 그랬는지도 모른다는 그 말로서 그녀는 자신에게 닥쳤던 모든 아픔들을 안으로 삼키고 덮으려 한다. 그 힘든 시기를 통해 하나님을 알게 되고 그 은총으로 살아간다는 것이다. 작은 임대 아파트에서 국가로부터 받는 복지 혜택과 교회의 도움으로 살면서도 늘 충만한 얼굴이다.

사실 그녀의 건강은 지금도 좋은 편이 아니다. 뇌출혈의 후유증으로 몸을 마음대로 쓰지 못하고 재활치료를 받는 형편이다. 그럼에도 한쪽 손만, 그것도 오른손이 아니라 왼손만 움직여 시를 빚어내는 것이고, 그렇게 빚어내는 시는 맑디맑은 영혼의 울림을 담고 있어 많은 사람들을 감동시키곤 한다. 그녀의 말마따나 하나님의 은총이다.

어려움이 닥쳤을 때 사람들은 대개의 경우 두 부류로 나뉘게 된다. 하나는 그 어려움이나 처한 불행의 상황을 이겨내지 못하고 더 심하게는 자학까지 하여 말 그대로 절망의 늪으로 아주 빠져버리는 것이고, 또 다른 하나는 닥친 불행을 이겨내고 그것을 빛나는 아름다움으로 승화시킨다.

행과 불행은 종이 한 장의 차이다. 어떻게 마음먹느냐에 따라 확연히 달라지는 것이다. 진흙 속에 뿌리를 두고 피워 올리는 연꽃은 얼마나 아름다운가. 우리는 어려움을 이겨내고 그것을 오히려 아름다움으로 승화시켰을 때 갈채를 아끼지 않는다.

전화기 속에서 그녀의 맑은 목소리는 한참 동안 이어졌다. 여러 가지 이야기를 한다. 그렇게 통화를 이어가면서 나는 찻잔에 더운 물을 붓는다. 은은한 향기가 피어오른다. 그녀의 맑은 목소리 또한 그에 다름 아니다. 혼자만의 고적했던 내 오후의 시간에 그 향기들이 배어 든다.

통화를 끝내고 찻잔을 들고서 창가에 섰다. 먼 하늘 저편으로 몇 마리 새가 날아간다. 언 뜻 새 소리가 들리는가? 먼 탓에 정말로 새가 울었다고 해도 들리지 않을 게 분명하지만 들린다고 생각한다. 전화기를 통해 들리던 그녀의 목소리도 그쯤에 남아 있다.

다시금 그녀에게 마음속으로 갈채를 보낸다. 더더욱 아름다운 시가 빚어질 거라는 응원과 함께.

≪2009. 7. 22. 경남일보≫

대마도 기행

얼마 전 대마도 여행을 하게 됐다. 여기저기 뿔뿔이 흩어져 사는 자식들이 서로 모이면서 느닷없이 떠나게 된 가족 여행이었다. 저희들끼리는 그동안 어느 만큼은 준비를 해왔던 모양이지만 내게는 느닷없는 여행이었던 셈이다.

대마도라면 뭔가 유다른 감정을 갖게 하는 섬이기도 하다. 서로 관계가 없으면서도 '독도' 하면 대마도가 떠오르고, 특히나 일본이 독도 침탈 야욕을 부리고 그런 일들이 보도될 때면 자신도 모르게 또 대마도를 떠올리게 된다. 아마 우리 민족이라면 거의 대부분의 사람들이 그렇지 않을까 싶다. '대마도 정벌' 이란 역사적 사건은 우리 모두가 아는 사실이고, 세종실록에는 우리나라 경상도의 계림鷄林에 예속한다는 기록이 남아 있는 땅 대마도. 그래서인지 다른 곳으로의 여행과는 달리 마음 한구석에서 묘한 느낌이 이는 것을 부인하기는 어려웠다.

부산에서 여객선 코비를 타고 한 시간 십여 분만이면 대마도에 도착한다. 대마도에서 일본 본토까지는 네 시간이 걸린다고 하니 그만큼 지리적으로도 우리와 훨씬 가까운 곳이다. 그래서인지 당일치기로 면세쇼핑을 하러 다니는 사람들이 늘어나고 있다고도 한다.

지도를 보면 알 수 있듯이 하나의 길쭉한 섬이 사선으로 누운 대마도는 허리의 운하로 해서 상대마도와 하대마도로 나뉘고 '만관교'라는 다리로 연결된다. 우리가 맨 처음 도착한 곳은 하대마도의 이즈하라항.

항구도시인데도 깨끗한 거리가 인상적으로 눈에 들어온다. 요란스럽게 지나가는 차량들의 소리나 응당 있을 법한 상점들의 떠들썩한 소리도 거의 들리지 않고, 길거리에는 휴지조각 하나 눈에 띄지 않는다. 그리고 그때가 마침 연초年初라서인지 조용한 마을이나 상점가의 각 집마다 새끼줄을 걸어놓고 거기에다 붉고 흰 종이에 소원을 적어 매달아 놓은 풍경이 이채로웠다. 요즈음은 보기 힘든 그 주술적 풍습은 어딘지 우리의 옛 풍습과도 닮은 데가 있는 것 같아 보인다.

그리고 또 인상적이었던 것은 숲이다. 대마도는 팔 할이 산지인데 그 산에는 하늘을 향해 쭉쭉 뻗은 편백나무와 삼나무가 빼곡하게 들어차서 울창한 삼림森林을 이루고 있다. 그래서인지 공기는 더없이 맑다.

그처럼 잘 가꾸고 다듬어진 대마도에까지 우리나라의 쓰레기가 밀려간다는 것은 어제 오늘 듣는 이야기가 아니다. 과자 봉지나 여타의 쓰레기에 적혀 있는 한글과 한글로 이뤄진 문양의 상표들. 쓰레기는 곧 문화의 파편이기도 할 터인데, 저들은 그것들을 건져내고 정리하면서 무슨 생각을 할까? 그리고 매년 부산 외대 학생들이 워크숍이나 오리엔테이션 때면 대마도로 건너가 쓰레기 줍는 행사를 하기도 한다는데, 그들은 또한 그것들을 줍고 거기에 적힌 우리의 흔적들을 보면서 무슨 생각을 하게 될까. 밀려간 쓰레기. 그것은 그저 단순한 쓰레기이기 이전에 우리의 다하지 못한 그 무엇이지는 않을까?

지리적으로나 역사적으로 우리와 가까운 대마도. 그래서인지 그곳에는 오늘날의 저 '쓰레기'로 상징될 수 있는 문화의 흔적뿐만 아니라 과거 우리 문화의 자취가 뚜렷이 남아 우리 여행객들을 유다름으로 이끈다. 조선의 마지막 선비 최익현 선생의 순국비와 조선통신사 기념비, 대마도 다케유키와 정략결혼을 했던 고종의 딸 덕혜옹주의 봉축비, 와타즈미 신사의 다섯 개 문인 '도리이' 등이 그것이다. 도리이는 우리나라 김해지방을 향하고 있는데 그것에 대해서는 김수로왕의 자손들이 대마도로 건너가 세웠다는 설과 또 장보고 가족 일부가 건너가 살면서 세웠다는 설이 있다고 한다. 그런 것들을 둘러보면서는 숙연해지는 마음을 어쩌지 못했다. 어디 그것뿐이랴. 삼국시대 신라의 박제상 이야기, 직접 둘러보지는 못했지만 백제의 유민들이 지은 가네다성, 조선 국왕으로부터 하사받은 물품을 보관하는 반쇼인 별실 등 곳곳에 우리의 역사와 문화가 산재해 있고, 그것들은 이야기만으로도 우리를 숙연하게 만들곤 한다.

그렇지만 역사는 오만과 거만을 위해 있는 게 아니라 돌아봄과 나눔을 위해 있는 것이다. 그럼에도 일본이 독도에 대한 침탈 야욕을 보이고 역사에 대한 망언을 일삼을 때면 그런 생각은 여지없이 흔들리고 만다.

그래서인지는 몰라도 하대마도의 미우다 해수욕장에서는 내 이름을 깊게 새기기도 했다. 미우다 해수욕장은 절경이었다. 감탄이 절로 나올 정도로 맑은 바닷물과 그 앞의 작은 돌섬, 그리고 결 가는 체로 쳐놓은 것 같은 고운 모래펄은 단박 취해 버릴 만큼 아름다운 풍광이었다. 그 해변을 걸으면서 내 발자국을 만들고, 그러다가 그 모래펄에 내 이름을 깊이 새기듯이 썼던 것이다. 물론 밀물이 들면 금세 지워지고 말겠지만 그러나, 그것은 바로 내 마음판에 새기는 것이 아니던가.

아무튼 대마도는 다른 곳을 여행할 때와는 달리 진한 아쉬움이 남는 곳이다. 특히나 저들이 독도에 대해 수시로 침탈 야욕을 보일 때면 그것에 견주어서도 그렇다. 내가 쓰시마라 하지 않고 끝까지 대마도라 하는 이유도 그래서이다.

바라는 것은, 역사는 자기 오만과 거만을 위해 있는 게 아니라 돌아봄과 그럼으로써 나눔을 위해 있다는 나의 이 소박한 믿음이 저들의 야욕이나 망언이 되풀이되어 흔들리게 되는 일이 없기를.

≪2015. 3. 9. 서부경남 인터넷뉴스≫

경남도청 서부청사 개청에 즈음하여

꿈이 깊었나요? 봄 햇살이 바람에 날리는 솜털처럼 부드럽고도 따사롭습니다. 하늘을 나는 새들도 이 봄날에 취하여 제 깃털을 한 줌씩 뽑아 날릴 듯합니다.

푸른 빛깔로 펼쳐져 끝없이 먼 창공. 그 아래서 꿈을 꾸는 자들에게는 언제나 축복이 내려지는 법입니다. 그런 꿈을 꾸어도 좋은 날이 아닌가 합니다. 우리 진주 지역사회의 오랜 숙원사업이기도 했던 경남도청 서부청사가 드디어 개청하게 되었다는 것이 바로 그것 아니겠습니까? 언젠가는 돌아와야 할 그 필연의 귀결점이라 해야 마땅하지 않을까 합니다만, 그럼에도 아주 먼 길 돌아서 오는 낭군을 오늘에야 맞이하게 되는 것 같은 느낌이고, 그러기에 설렘도 또한 큽니다.

이 땅이 열리고부터 시작되었을 저 남강. 그 물줄기가 남겨놓은 터에 와 자리를 잡고 살기 시작한 이래 이곳 진주는 나에게 제 2의 고향이 되었습니다. 여기 와 발을 딛고 살면서 생의 중요한 덕목들을 쌓아갔고, 이제는 어느새 많아진 그것들을 추억하며 또한 많은 애환들을 묻어두고 살아가고 있습니다. 그러면서 더 많은 애착을 가지고 오늘도 이 땅의 흙냄새를 맡으며 그 감미로움에 취하곤 합니다.

진주는 우리나라 남부지역의 중심도시로서 예로부터 천년 고도의 역사를 간직한 충절의 고장이요 문화 예술의 고장으로 이름난 곳입니다. 고려조 현종 원년 침입한 거란군을 물러나게 하고 스스로 억류되어 죽어갔던 시랑공 하공진, 거란 소배압의 10만 대군을 섬멸한 강민첨 장군, 임진왜란 때 진주성 대첩의 김시민 목사, 우리들이 너무도 잘 알고 있는 논개의 충절, 구한말 서부경남의 의병활동을 주도한 노응규 의병장 등은 우리의 자랑이고 후손으로서 더없는 긍지를 갖게 합니다.

진주가 한반도 남부 지역의 중심지인 것은 고대의 부족국가 시대로 거슬러 올라갑니다. 가야시대 고령가야의 도읍지였지요. 이후 삼국시대에는 백제의 거열성에서, 통일신라시대에는 '거열주'와 '강주'로 개칭되었다가 오늘날까지 이어지는 '진주'라는 지명으로 개칭된 것은 고려의 태조 때입니다. 그리고 조선 고종 33년에 전국을 13도로 개편하면서 진주는 경상남도의 도청소재지가 되어 경남 행정의 중심 역할을 했습니다. 그러던 것이 1925년 부산으로 도청이 이전되었지요.

앞서 '먼 길 돌아서 오는 낭군' 같다고 한 것은 그와 같은 연유에서입니다. 그렇게 떠났던 경남도청이 90년 만에 비록 일부이기는 하지만 되돌아오게 된 것이니 어찌 먼 길 돌아서 오는 낭군이 아니겠습니까.

도청이 떠나면서 당시의 이곳 시민들에게는 상실감도 컸을 것이고, 그러기에 그때부터 기다림이 시작되었던 것이 아닌가요. 그렇게 거의 100년 가까운 세월이 흘러갔습니다. 그 세월 동안의 오랜 기다림이었던 것이겠지요. 그리고 바로 그런 기다림 속에서 여러 곡절을 겪은 끝에 결국은 다시 진주의 품으로 돌아오게 된 것이고, 그럼으로써 우리 시민의 숙원이 비로소 이루어지게 된 것입니다.

그것은 그저 단순한 시민들의 숙원만이 아니라 지리적으로나 행정적으로나 이 지역의 중요성이 재인식된 바탕 위에서 이루어지게 된 것일 터입니다. 국토의 남부를 동서로 연결하는 남해안 고속도로와 국토의 중앙으로 관통하는 중부 고속도로가 지나면서 곧 해양으로도 나갈 수 있는 곳이 바로 이곳 진주입니다. 그렇듯 교통의 요충지이기에 우리의 품으로 서부청사가 돌아온 것은 당연한 결과이기도 할 것입니다.

오늘 다시 길을 나서 봅니다. 다져진 길은 햇빛을 받아 기름 먹은 듯 윤이 나고, 그 길가의 흙들은 부드럽습니다. 이름 모를 풀꽃들은 그 부드러운 흙에 뿌리를 내리고서 맨 몸으로 햇빛과 바람과 비를 맞습니다.

거기, 짧게는 우리 부모들의 발자취가 숨 쉬고 있고, 더 멀리는 우리 조상들의 숨결이 스며들어 있습니다. 그리고 우리가 살아온 날들도 고스란히 담겨 있습니다. 그것들 모두가 다 소중합니다. 그리고 그러한 날들이 쌓여 역사가 이루어진다는 것도 우리는 알고 있습니다.

좀 더 시간이 흐르게 되면 우리는 오늘을 추억하게 될 것입니다. 그리고 우리의 후손들은 우리들을 기억할 것입니다. 우리들이 그 오랜 기다림을 한 우리 부모님 세대를 기억하고 이야기하듯이 말입니다.

그리하여 꿈은 깊고 또 깊어도 좋을 것 같습니다. 꿈꾸는 자에게는 내일이 있습니다. 먼 길 돌아와 새로운 둥지를 틀고 들어앉은 경남도청 서부청사. 따스한 마음으로 품어 안고 보듬어 봅니다.

≪2015. 3. 30. 서부경남 인터넷뉴스≫

진주 시민으로 산다는 것

오늘도 나는 바람을 맞으러 남강 둔치로 나간다. 여기서 바람을 맞는다는 것은 단순히 기상상태로서의 공기의 흐름을 몸으로 느끼는 행위만을 말하는 것은 아니다. 그 물리적인 것보다는 그것으로 인해 파생하고 빚어지는 감성의 변화를 맛보는 것이다. 비록 어제 부는 바람과 오늘 부는 바람이 똑같을지라도 마음에서 일어나는 감성은 그 날의 여러 가지 상황에 따라 달라진다. 그리하여 그것에 나를 맡기고, 또한 그것은 때로 나의 그 무엇인가를 지배하기도 하면서 상호작용을 일으키게 마련이다.

꼭 남강일 필요는 없겠지만 그래도 남강으로 나설 때면 다른 곳보다 유다른 감정이 더해지는 것 같다. 그것은 남강이 주는 의미가 다른 여타의 것들과는 다르기 때문일 것이다.

우리의 도시 진주를 관통해 흐르는 남강은 모두가 알다시피 민족의 오랜 역사를 안고 흐르는 강이다. 조선시대만 해도 그렇다. 임진

왜란 때 침략하는 왜군을 맞아 싸웠던 진주성 전투의 투혼과 왜장을 유인하여 끌어안고 투신 산화한 논개의 넋이 고스란히 어려 있는 곳이 아닌가.

그리고 어느 지역이나 마찬가지로 하천을 중심으로 문화가 발달했듯이 진주 역시 남강을 중심으로 도시가 형성되고 또한 그러면서 이곳만의 문화가 발달해 왔다.

한반도 지도를 놓고 보면 진주는 남쪽 끝의 가운데에 위치해 있다. 호남으로도, 영남으로도, 그리고 더 멀리는 중앙인 서울로 가는 길목이다. 그러기에 왜군들이 그렇게 진주를 공략했던 것 아닌가.

둔치에 서니 어김없이 강물을 스친 바람이 목덜미를 휘감고 지나간다. 남쪽 끝이라 해도 아직 겨울이라 바람결은 제법 차갑다. 그래도 유유히 흐르는 강물을 마주하면 그런 지난 역사적인 일들을 생각하게 되는 한편 내 개인적인 일들도 되짚어보게 된다.

내게는 진주가 태어난 곳도 아니고 어찌 보면 생의 절반이 지나 좀 늦게 와 정착했지만 마지막 날까지 살아가게 될 곳으로 고향보다도 더 고향 같은 곳이다. 남편과 함께 이곳에 와 자리 잡고 살며 아이들 기르고 학업을 마쳐 결혼시켰다. 그리고 가슴 아픈 기억이지만 남편을 먼저 하늘나라로 떠나보낸 것도 이곳에 살면서다. 지금 강물을 스쳐오는 저 바람 속엔 남편에 대한 그리움이 묻어있다.

그랬었다. 남편이 병을 얻어 눕게 되었을 때, 그래도 조금이나마 몸을 움직여 걸을 수 있었을 때는 바람을 쐬러 함께 나오곤 했었다. 그러다가 병이 악화되어 나오지 못하게 됐을 때는 나 혼자 나와 풀꽃을 꺾어다 주며 그렇게 여기 강변의 바람을 묻혀 나르곤 했다. 그 막막했던 날, 도대체 무얼 어떻게 할 수도 없었던 날, 혼자 밖으로 나오면 속으로 미쳐서 그저 강변을 훑고 다니며 풀꽃이나 풀줄기 한 줌과 먼 들판을 지나고 강물을 스치며 오는 바람을 묻혀 날라다 주면 남편의 목숨이 조금이라도 더 연장될 것 같아서였다. 그래서 더욱 더 남강 둔치에 나와 바람 묻은 풀꽃이고 풀줄기를 꺾어 나르곤 했다. 그러면 남편은 내 마음을 알기라도 하듯 엷은 웃음으로 답해주지 않았던가. 하지만 그런 내 간절한 기도에도 남편은 끝내 하늘로 떠났고, 나는 이곳에 남겨져 남은 삶을 살아가고 있다. 지금 생각하면 그때 내가 묻혀 나른 바람 때문에 남편의 생명이 단 며칠이라도 연장되지 않았나 싶다. 아니 그렇게 믿고 싶다.

사람은 상황이 변하면 거기 적응하며 살아가게 마련인가? 한쪽을 잃은 삶 또한 그 막막함을 뒤로한 채 어느덧 일상이 되어버렸다. 속으로 미쳐서 바람을 묻혀 나르기 위해 허둥거리며 훑던 강변을 다시 평온한 걸음걸이로 걸으며 두루 살펴보기도 한다. 아침에 떠올라 비치는 햇살에 몇 장 빨래를 내 널다가 손가락 쫙 펼쳐서 비쳐보기도 하고, 그게 천공을 돌아 어느 건물 모서리를 비껴 떨어지는 저녁이면 또 하루를 살아냈음에 감사하고 타지에 나가 사는 자식들의 안부를 마음속으로 묻고 또한 기도한다. 그런가 하면 그 자식들은 수시로 안부를 전하고 주말이면 길이 멀다 않고 어미를 찾아온다. 그러니까 잠시나마 그렇게 오랜 제 둥지를 찾아와 깃 접어 내리고서 쉬다가 돌아가는 것이다.

그렇게 진주는 나와 내 자식들에게 오랜 둥지인 셈이다. 피곤하면 깃 접고 쉬면서 다시 날 수 있는 힘을 얻는 곳. 마음이 어지러울 때면 휘 둘러보며 흐트러진 가닥들을 다독일 수 있는 곳.

사실 진주는 한반도에 역사가 시작된 이래 지정학적으로도 중요 지역으로 자리매김해 왔다. 그러다가 현대에 들어와서는 다소 위축된 감도 없지 않게 되었지만 그렇다고 그 중요성이 떨어진 것은 아닐 터다. 이 지역의 숙원이기도 한 경남도청 서부청사가 들어서는 것도 그래서가 아니겠는가? 이를 계기로 우리 진주가 더욱 발전하고 남부 지역의 중심 도시로 거듭나기를 바라마지 않는다.

물론 그게 전부라고 말하고 싶지는 않다. 보다도 모든 이들에게 마음의 고향이 되었으면 한다. 많은 추억을 쌓아두고서 세상살이가 힘들 때면 돌아보고 쉬면서 다시 힘을 얻을 수 있는 곳. 그리고 내가 살다가 생을 다하여 하늘로 떠난 뒤에도 자식들이 날 그리며 찾을 수 있는 곳. 그러기를 바라고 또한 그러리라고 생각한다.

둔치를 따라 한 걸음씩 내딛는다. 어디서 마른 풀 향기가 나고, 강물은 햇빛을 받아 반짝인다. 이제 머잖아 봄 오면 다시 여기를 찾아 풀꽃 한 줌 따며 바람을 맞고 누군가에게 묻혀 날라다줘야 되겠다. 바로 당신에게.

≪2014. 1. 28. 서부경남 인터넷뉴스≫

재래시장을 가면서

사는 게 단출하다보니 시장에 갈 일은 별로 없다. 그래도 외지에 나가 사는 자식들이 온다거나 이러저러한 일들이 있으면 장보기를 해야 한다. 그럴 때면 천으로 된 시장 가방을 접어들고 다소 멀어도 재래시장을 찾곤 한다.

재래시장을 찾는 이유는 무엇보다도 사람 냄새를 맡을 수가 있어서이기도 하다. 편리성을 따지자면 대형 마트가 낫다. 가서 최단거리로 움직이며 카트에 구매하려는 물품을 담아 계산대에 밀어놓고 카드를 내밀면 말 한 마디 하지 않고서도 다 처리되어 장바구니만 들고 돌아오면 그만이다. 판매자나 구매자나 시작에서부터 끝까지 말 한 마디 하지 않고서도 모든 처리가 가능하다. 그도 아니면 인터넷으로 주문 결제하면 지정한 시간에 맞춰 집에까지 배달된다. 편리하고 효율적이다. 그러나 그 어디서 사람 냄새를 맡을 수가 있는가.

하지만 재래시장에서는 우선 구조적으로도 말없이는 상거래가 이뤄지지 않는다. 상인은 상인대로 찾아온 손님 놓치지 않기 위해 애를 쓰고, 장보러 나온 사람은 그 사람대로 보다 나은 물건을 한 푼이라도 싸게 사려다보니 흥정이란 게 이뤄진다. 거기에 오랜 단골이라도 있으면 이웃사촌 못지않게 반갑고, 더러는 맘씨 좋은 종업원이 깐깐한 주인 몰래 과일 한두 개씩 슬쩍 넣어주는 횡재(?)를 하기도 한다. 그곳은 삶의 현장이기도 하다. 이십여 년이나 넘도록 변변한 가게도 없이 시장 골목 한쪽에 좌판을 벌여 생선 몇 짝씩 떼어다 팔며 자식들 공부시킨 억척스런 아주머니도 있고, 멀쩡하던 남편이 갑자기 쓰러지는 바람에 생활 전선에 나선다는 것이 특별한 기술도 밑천도 없어 손수레를 끌고 나와 시장 골목을 돌아다니며 커피를 파는 여인네도 만날 수가 있다. 간혹 뻥튀기 장수를 만나기라도 하면 옛 향수에 젖을 수도 있고.

우리 어렸을 적에는 장이 서는 날 간혹 부모님 손잡고 따라가기라도 하면 별천지에라도 온 것처럼 구경할 게 많았다. 원숭이를 데리고 와 약을 파는 약장수는 어찌 그리 입담도 좋고, 전파사에서 쿵쾅거리는 음악소리는 어찌 그리 사람들 신명을 돋우던지. 물론 지금은 재래시장이라 해도 예전의 그 장날 같지는 않지만 그래도 사람 냄새가 물씬 풍기는 곳이다.

그런데 그 재래시장이 갈수록 위축되고 갈 때마다 쓸쓸함마저 느끼게 한다. 여기저기 들어서는 대형마트들. 편리성을 따져 재래시장에서 대형마트로 빠져나가는 사람들. 그런 것들을 생각하면 안타까운 마음이 든다. 가진 기술도 돈도 없어 손수레를 끌고 골목을 돌아다니며 커피를 파는 여인네는 어디로 가고, 이십 년 넘게 생선 짝을 떼어다 팔며 자식 공부시킨 억척스런 아줌마는 어디로 가야 된단 말인가? 그리고 거기서 맡아지던 사람 냄새는 어디 가서 맡을 수 있나?

≪2014. 4. 2. 경남일보≫

아름다운 강변로

산책을 나섰다. 늘 집에만 있다 보니 늘어나는 체중도 문제긴 했다. 이래저래 나선 그 길. 강변 둔치에 이름 모를 작은 풀꽃들이 하늘거리는 게 나를 반기는 듯하다. 먼 지면을 타고 불어오는 바람에서는 봄 냄새가 묻어난다. 두어 달 만에 나선 길인가 싶다. 그 사이에 많이 변한 것 같다. 대지의 색깔이 그러하고, 거리의 모습이 그러하며, 살갗에 와 닿는 그 무엇인가가 그러하다. 언뜻 늘 대하고 보아오던 곳이 맞나 싶을 정도로 싱그러움이 넘친다.

시市에서는 '녹색도시', '명품도시'를 만든다고 홍보가 대단하다. '자연 친화적'이란 말도 빠지지 않는다. 맑고 푸른 남강을 만들고, 강변로도 아름답게 조성하여 쾌적하고 살기 좋은 도시를 만들겠다는 이야기다.

그래서인지 많은 게 변하고 잘 다듬어졌다. 그러니 아무런 생각 없이 나선 내 눈에 그 풍경들이 낯설게 다가오고 더는 놀라기까지 할 수 밖에. 요즈음은 공원을 조성하는 것도 예전과는 많이 다른 것 같다. 작은 나무들을 심어 가꾸어 가며 점차 공원의 형태를 만들어 가는 게 아니라 통째로 옮겨다 놓듯 한다. 단 며칠 만에 확 바꾸어 놓는 것이다.

걷는 길에 낯익은 아주머니 한 분을 만났다. 좀 오랜만에 나왔더니 그 사이에 이렇게 바뀌어 마치 우리 동네가 아니라 다른 동네에 온 것 같은 기분이라고 했더니 그분은, 경제가 어렵고 중산층이 무너지고 모두가 죽겠다고 아우성인데 아름다운 도시니 살기 좋은 도시를 만든다고 이 난리네요, 라고 하면서 혀를 차는 게 아닌가. 전국체전이며 4대 체전을 우리 도시에서 치른다고 이러는 것이라면서 투덜거렸다.

어찌 보면 우리 사는 도시에서 그런 큰 행사가 열린다는 것은 시정市政을 책임지는 사람과 그에 관계되는 많은 사람들이 그만큼 애를 썼다는 이야기일 터이고, 또한 시민의 한 사람으로서는 가슴 뿌듯한 일이며 감사해야 하는 일이 아니던가 싶기도 하다. 도시가 발전하면 그만큼 시민들도 좋지 않겠는가. 그런데 아주머니가 쏟아붓는 말은 이 많은 돈이 일반 시민들의 주머니에서 나오는 혈세가 아니냐며 얼굴을 구긴다. 그게 틀린 말이 아니라는 것을 알면서도 마땅히 대꾸할 말이 없어 우리 사는 주변이 아름다워지면 좋은 것이지요, 했더니 그냥 쓴웃음을 짓고 만다. 서로 방향이 틀려 그쯤에서 등을 돌렸지만 그 아주머니의 말이 머릿속에서 떠나지 않는다.

자고 일어나면 바뀌는 세상이다. 악취가 진동하는 쓰레기 매립지가 국제규격의 종합체육관이 되어 시민들을 위한 휴식과 운동 공간으로 화려하게 탈바꿈하였다. 체육공원이 들어서고 농산물공판장까지 이웃하게 되었다. 한적한 강변로가 불과 몇 개월 만에 아름답게 꾸며지고 발전한 것이다.

막대한 예산을 들여 조성하는 것이라면 무엇보다도 시민에게 정서적 안정감을 주고 아름다운 자연을 향유할 수 있는 도시가 되어야 할 것이다. 철저하게 분석하고 검토하여 얼마 가지 않아서 뜯어 고치고 하는 일 없이 영원히 보존될 수 있는 도시, 녹색으로 뒤덮인 아름다운 도시가 되었으면 싶다.

되돌아 강변을 따라 걷다보니 하천에는 언제 만들어졌는지 큼직한 자연석 징검다리가 놓여있었다. 도동을 가로질러 흐르는 하천과 남강이 맞닿는 곳인데, 예스런 멋을 담아보려 한 것 같았다. 그렇지만 빛바랜 추억 속의 물에 빠질 듯 넘어지려 하던 서정과 감성을 풀무질하던 징검다리는 아니었다.

그래도 어쩌랴. 그 징검다리를 하나씩 밟아 건너며, 이제는 되돌아갈 수 없는 세월 저편을 추억해 본다.

≪2009. 7. 8. 경남일보≫

명품

냉수 마시고 이 쑤신다는 것은 허세에 관한 이야기를 할 때면 곧잘 등장하는 메뉴이다. 생각해보면 그처럼 황당한 허세도 없을 것이다. 하지만 달리 생각하면 슬픈 이야기이기도 하다. 너나없이 배고팠던 시절, 주린 배를 냉수로 채우고 그걸 감추기 위해 다른 사람이 보는 앞에서는 이를 쑤셔야 했으니 돌아서면 제 속에 든 그 헛바람에 아니 눈물 흘렸겠는가.

허세에 관한 일이라면 잊히지 않는 일이 있다. 외국 여행을 하면서 생각지도 못했던 일을 겪은 게 그것이다. 일행이라고 해도 여행사를 통해 조합된 것이니 사실상 처음 대하는 낯선 사람들이다. 그래도 짜인 일정 동안만큼은 일행으로 낯을 익히며 함께할 수밖에 없는 일.

그런데 그 일행 중 나보다는 네댓 살 아래인 듯한 두 여인은 서로 친구이면서 각기 부부 동반이었는데 자꾸만 내 차림새를 훑어보며 특이하다느니, 예술을 하는 사람인가하고 말을 붙여왔다. 그러면서 그 시선은 뭔지 모르게 은근슬쩍 사람을 멸시하는 듯했고 말이다. 그리하여 다시 살펴본 내 차림새는 천연염색 바지에다 니트를 걸치고 천 모자 하나 머리에 얹은 모습이다. 내가 즐겨하고 나 편하면 그만이다 싶어 대부분은 그런 차림으로 나서곤 해왔다. 그런데 그게 뭐 어쨌다고 일견 추켜 주는 척하면서도 사람을 무시하는 태도가 아닌가. 그들이 그러는 데에는 그만한 이유가 있었다. 점차 본색을 드러내서 알게 됐는데 그들은 소위 명품이라는 것으로 치장하고 있었던 것.

그들이 걸친 옷이나 든 가방 따위가 명품인지 아닌지 나는 알아보지도 못했을 뿐더러 그런 걸 눈여겨보지도 않았다. 명품을 한두 개 걸치고 들지 않으면 사람 축에도 들지 못한다더니 정말 그런 것인가. 시간이 지날수록 두 여인의 얘기는 제 속을 다 드러낸다. 이건 어디서 얼마를 주고 샀고, 저거는 얼마짜린데 세일할 때 사서 얼마를 주었다고. 명품 자랑을 하러 온 것인지 여행을 온 것인지 분간이 안 될 정도였다. 그러더니 명품 하나 없는 내가 안 됐다는 듯 돌아갈 때 인천공항에 도착하면 자신이 걸친 옷을 벗어주겠다는 것이었다. 어처구니가 없었지만 달리 대꾸할 말이 없어 그러라고 했다.

사실 나는 명품이 어떻게 생긴 것인지도 잘 모르지만 고가의 물품은 좋아하지 않는다. 적당한 선에서 품질 좋은 것이면 됐지 그 이상의 것이면 그것에 종속당하는 기분이어서이다. 잃어버릴까봐, 망가질까봐 신경 써야 되고, 그러다가 마음까지 상하고…. 무엇 때문에 그렇게 살아야 되는가, 그런 생각인 것이다.

여행을 끝내고 인천공항에 도착해서도 그 여인네의 말이 목에 걸렸다. 그러나 웬걸, 여인네는 내게 옷을 벗어주기는커녕 언제 그런 말을 했냐는 듯 옷자락을 쓸어 잡고는 휘휘 사라져갔다. 냉수 마시고 이 쑤신 자는 돌아서서 제 속에 든 헛바람에 눈물 흘렸을 테지만 그 여인네는 제 속에 헛바람이 들었는지조차도 모를 테지 싶다. 바람 한 줄기가 목을 감고 지나가는 오후이다.

이사

얼마 전에 이사를 했다. 어떤 사람들은 이사를 거의 아무렇지도 않게 생각하고 별 힘도 들이지 않고서 후딱후딱 해치우기도 하지만 나는 그처럼 쉽게 하지도 못할뿐더러 쉽게 결정할 문제도 아니었다. 그럼에도 이전과는 여러 가지로 달라진 상황이 거주공간을 옮겨야 하는 변화를 꾀하지 않으면 안 되겠기에 결국 그렇게 결정을 하고 이사를 하게 된 것이다.

사람들은 일생을 살아가는 동안 몇 번이나 이사를 하게 될까? 돌이켜보면 나도 이제까지 살아오면서 여러 번 이사를 했는데, 아마도 이번 이사가 마지막이 되지 않을까 생각한다. 물론 넓은 의미에서 본다면 필연적으로 해야 될 이사가 한번 남아 있긴 하다. 세상에서의 삶을 마치면 옮겨가야 될 무덤, 혹은 저승. 무덤이란 말이나 저승이란 말이나 거의 같은 의미를 갖고 있지만, 아주 오랜 예전부터 그것도 세상의 삶 다음에 이어지는 후생으로 인식하니 이사移徙로 본

것이고, 그러한 때문에 유택幽宅이란 말도 생겨났을 것이다. 그러니까 그것도 어엿한 하나의 집宅으로 인식해 내려온 것이다.

아무튼 어머니 뱃속에 있다가 세상 밖으로 나오는 것도 이사요, 세상의 삶을 마치고 무덤으로 가는 것도 넓은 의미에서는 이사인 것이 분명하다.

그러니까 앞으로 또 어떤 변화가 생겨 지금의 이 거주 공간을 옮겨야 될지 그건 알 수 없는 일이지만 적어도 생을 마치고 가야 될 그 마지막 이사를 빼고는 이번이 마지막이리라 생각하는 것이다. 무엇이든 쉽게 옮기지 못하는 성격에다가 내 나이로 봐서도 그렇다.

인간이 수렵생활을 할 때는 끊임없이 거주 공간을 옮겨 다녀야 했다. 그러지 않을 수도 없는 것이 먹이를 찾아다니지 않으면 안 되었기 때문이다. 그러니까 먹이를 쫓고 채집하며 가 닿는 곳이 곧 그들의 거주 공간이었다. 자연적으로 형성된 토굴이나 나뭇가지 따위로 얽어 만든 움막에 며칠간 머무르다가 확보했던 먹이가 떨어지면 또 다른 먹이를 찾아 떠나는 것이다. 말하자면 자연스러운 이사였던 셈인데, 발생학적으로 봐도 인류가 그처럼 빠르게 전 지구로 퍼져 나갈 수 있었던 것도 그와 같은 이유 때문이었을 것이다. 지금도 몽골 초원에 사는 유목민 같은 사람들에게 그런 흔적이 남았다고 볼 수 있을 것이다.

그러다가 수렵생활에서 농경사회로 전환되면서 한 곳에 오래 정착하게 되고, 그러다 보니 그제는 오래 머무는 것을 미덕으로 여기게까지 되었다. 곧 태어난 고향에서 죽음을 맞이해 그 땅에다 뼈를 묻는 것이 이상적인 삶이 된 것이다. 때문에 그런 농경사회 속에서도 간혹 바깥세상을 떠돌던 사람들은 죽을 때가 되면 고향을 찾고, 그도 아니면 고향을 향해 머리를 두고 죽는다고 하지 않던가.

그러던 인류에게 또 다른 변화가 생겼다. 그것은 도시화이다. 급속한 도시화가 진행되면서 인류는 또다시 거주공간을 자주 옮겨 다니게 되었다. 돈벌이나 직장을 찾아, 또는 학업 등의 여러 요인들로 인해 옮겨 다니지 않을 수가 없게 된 것이다. 그것을 다른 말로 표현하자면 '도시의 유목민' 쯤 되지 않을까 싶다. 돈벌이를 하는 시장이나 이러저러한 일터, 근무하는 직장은 곧 수렵시대로 보면 '먹이' 일 터이다. 그러니까 그 먹이인 일터나 직장을 따라 옮겨 다녀야만 하는 것이다.

그러함에도 내게는 도시민 보다는 농경사회의 유전인자랄까 그런 습속이 더 강하게 남아 있는 것 같다. 그래서 남들은 쉽게 하는 이사도 오래 생각하며 망설인 끝에 힘들게 결정을 하고 새로운 환경에의 적응도 그저 서툴기만 하다.

아무튼 이사를 하고 나서도 어느새 한 계절의 변화를 맞고 있지만 주변의 모든 것들이 낯설기만 하다. 집을 나서는 것이 왠지 모르게 두렵고, 간혹 길을 나서보아도 익숙하지 않은 거리에서의 내 모습이, 낯선 사람들 속에서의 내 모습이 마치 물에 뜬 기름처럼 여겨진다. 사람들이 이리저리 복잡하게 얽혀 사는 이 도시에서 살아가자면 말 그대로 나 역시 '도시의 유목민'이 되어 함께 어울려야 될 터이지만 영 그러지를 못하는 것이다. 애초부터 도시생활에는 부적합한 사람으로 태어난 게 아닐까 싶기도 하고 말이다.

그래도 살아가자면 어느 정도는 적응을 하지 않으면 안 되겠기에 오늘도 집을 나서서 근처의 길과 풍경이라도 익혀보려 한다.

≪2015. 10. 12. 서부경남 인터넷뉴스≫

고부姑婦 갈등

사람과 사람 사이에는 크든 작든 갈등이 있게 마련이다. 그리고 갈등은 서로가 관계하는 가까운 사이이기 때문에 일어난다. 먼 사이라면 갈등이 생길 이유가 없다. 갈등葛藤은 한자漢字 그대로 칡과 등나무를 이름한다. 칡과 등나무를 보면 서로 얽히고설켜 떼어낼 수 없을 지경이다. 줄기들이 서로 꼬이고 그것으로도 모자라 서로의 살 속으로 파고들어가면서 변형을 일으킨다.

출타를 하려고 한창 준비 중인데 친구로부터 전화가 왔다. 대뜸 오늘 뭐할 거냐는 물음에 사실대로 얘기하니 같이 가겠다고 나서는 것이 아닌가? 동행하지 못할 이유도 없어서 그럼 준비하고 나오라고 하고는 다른 건 묻지 않았다. 무슨 속상한 일이 있다는 걸 말투에서도 직감할 수 있었던 때문이다. 아들이 신혼여행을 다녀온 지 며칠 되지 않았는데 그것과 관계되었으리라는 것도 짐작되었다.

아니나 다를까, 묻는 말에도 그저 땅이 꺼져라 한숨만 토하던 친구가 나중엔 터진 봇물처럼 쏟아낸 이야기는 역시도 며느리에 관한 것이었다. 이전부터 자주 드나들어 가족이나 다름없이 지내왔는데 막상 결혼 문턱에서는 서운한 게 많았는데 다 묻어두고 가자고 혼자서 속을 다독였단다. 그러면서 지나가는 말로 이제 며느리 봤으니 나도 좀 편해야겠다고 했더니 날름 받는 말이 그럼 어머닌 뭐 하실 건데요? 하더라는 것이고, 그게 너무도 당돌해 아무 말도 못하고는 한참만에 다시 먹을 반찬은 어떻게 할 거냐 물으니 또한 대뜸 어머니가 해 주세요, 하는 것이어서 기함할 뻔했다는 것. 이게 벌써부터 시어미 길들이려는 것인가 싶은 생각도 들고 그저 황당했지만 속으로 삭였는데 그게 하루 이틀로 끝날 것 같지 않고 앞으로의 일을 생각하면 캄캄하다는 것이었다. 요즈음은 며느리가 시어머니 시집살이를 하는 게 아니라 시어머니가 며느리 시집살이를 한다고 하더니 자기가 그렇게 되는 것 아니냐고도 했다.

계속 쏟아지는 그쯤의 이야기들을 들으며 당사자야 자신의 말마따나 기함할 일인지도 모르겠지만 주변에서 그보다 더 심한 이야기도 많이 들었던 터라 한낱 푸념 같아서 웃고 말았다. 그러면서 언제 날 잡아 귀가 따가울 지경으로 그 며느리의 있는 흉 없는 흉을 다 들춰내며 욕을 좀 해야 되겠다고 생각했다. 아무리 자신은 흉을 보아도 막상 남이 자기 며느리 흉보는 꼴은 못 볼 것이고, 그렇게 되면 오히려 자기 며느리를 편들고 나설 것이 뻔할 테니 말이다.

서로 다른 환경에서 남남으로 살다가 만났으니 부부간에도 마찰이 있게 마련인데 고부간에야 거기다가 세대 차이도 더하니 갈등이 없을 수가 없다. 다만 그것을 당연한 것으로 받아들이면서 또한 어떻게 풀고 다스려나가느냐에 따라 오히려 생활의 활력소로 바꿀 수도 있을 것이다. 얽히고설킨 채일망정 시렁에 얹혀 자라게 한 등나무 아래는 한여름 땡볕을 피하기에는 그중의 시원한 그늘이다. 시름겨운 날 주렁주렁 매달린 자줏빛 등꽃은 또한 얼마나 보기 좋던가. 이따금 산자락에서 만나게 되는 칡꽃은 또한 얼마나 정겹고. 갈등葛藤도 꽃을 피우기 마련이다.

전통과 보양음식

한가한 점심나절, 소파에 누워 책을 읽다가 살짝 잠이 들었다가 볼이 따가워 눈을 뜨니 햇볕이 들이비쳤다. 시계를 보니 어느새 점심때가 넘었다. 점심을 먹어야 할 텐데 싫어 냉장고를 뒤져보았지만 마땅한 게 없었다. 밖에 나가 먹을까도 했지만 역시도 이거다 싶은 게 떠오르지 않아 그냥 주저앉고 말았다.

여름철은 더운 날씨 탓에 누구나 입맛을 잃기 쉽다. 더위 때문에 몸도 나른하고 식욕이 떨어지니 입맛을 돋우려고 저마다 보양식이라는 것을 찾아 나서기도 하고, 소문난 맛집을 순례하기도 한다.

사람마다 취향이 다르겠지만 나는 그런 기름진 음식보다 우리의 어른들이 즐겨 먹었던 가볍고 산뜻한 토속음식을 좋아한다. 가난한 시절이었던 오륙십 년대. 지금 생각해보면 비록 생활은 어려워도 운치와 낭만이 있었고, 그랬기에 아름다움으로 기억되는 시절이었다. 여름밤이면 마당가에 모깃불을 놓아 매캐한 연기가 모락모락 피어

올랐고, 그 옆의 평상에 차려진 밥상엔 가족들이 빙 둘러앉아 웃음을 쏟아내곤 했다.

그 밥상에 오르는 것들은 마당 가 무쇠 솥에서 매운 연기에 눈물까지 흘리며 지은 보리밥과, 매운 풋고추와 양파와 방아잎까지 썰어 넣고 끓인 된장국에, 시큼한 열무김치 등이었다. 그 열무김치를 넣고 고추장에 쓱쓱 비빈 비빔밥이나 가마솥 밥 위에 쪄낸 호박잎쌈은 왜 그렇게도 맛이 있었는지. 그것들은 말 그대로 마파람에 게 눈 감추듯 밥 한 그릇 뚝딱 먹어치우게 했던 밥도둑이었다.

어디 그것뿐인가? 점심때가 되면 찬물에 밥을 말아 텃밭에 고추 두세 개 따다가 장독에서 샛노란 된장을 꺼내어 찍어 먹곤 했는데 그 맛도 일품이지 않았던가.

올 여름은 입맛 탓하지 말고 그 시절 어머니가 해 주셨던 장떡도 해먹어 보고, 수제비도 끓이고, 보리밥 등 토속음식으로 건강한 여름나기를 해 보리라고 마음먹었다. 유년에 먹던 정겨운 식단으로 시간 속 추억여행을 하다 보면 더위도 즐겁게 넘길 수 있을 것이 아닌가.

나이 들면 추억을 먹고산다는 말처럼 마음이 허기져서인지 추억은 지치지 않는 그리움이다. 밥맛이 없어 수저를 놓다가 빛바랜 추억이 그리워 냉장고에서 풋고추를 가져와 된장에 콕 찍어 먹으니 고향의 맛인 어머니의 내음이 얹혀왔다.

≪2009. 7. 15. 경남일보≫

친구

약속이란 언제나 가벼운 흥분과 함께 그것에의 이행履行에 대한 기대와 설렘을 가져다준다. 더군다나 그것이 오래고도 절친한 친구와의 약속이라면 더 말할 나위가 없다.

일을 보러 부산 가는 김에 친구를 만나기로 했다. 일이 주된 목적인지 친구를 만나는 일이 주된 목적인지 분간이 안 되는 출타였다. 그야 아무러면 어떤가? 흔한 말로 뽕도 따고 임도 보고, 둘을 다 이룰 수 있으니 좀 좋지 않으랴. 서화가로서 30년 넘게 오직 한 길만 걸어가는, 나와는 참 절친이다. 여러 날 전부터 만나면 달맞이고개도 가고, 뭐가 좋다느니, 어린 소녀들처럼 호호 하하 떠들고, 폰 사진까지 전송해 주고받으며 법석 아닌 법석을 떨었다.

부산에 도착하고, 시간에 맞춰 해운대 약속장소로 나가자 친구는 먼저 와 기다리고 있다가 환한 웃음을 보내왔다. 한 길만 묵묵히 걷는 데서 나오는 깊고도 은은한 향기가 밴 웃음이었다. 그 웃음만으로도 푸근하고 넉넉해지는 기분이 들었다.

사람이 한 생을 살아가면서 얼마나 많은 사람을 어떤 이름으로 만나게 되는 것일까? 부모형제, 선후배, 동료… 정말 많은 사람들을 여러 관계로 얽혀 만나게 된다. 그 중에서 친구라는 것처럼 편하고 가까운 이름이 있을까? 물론 배우자나, 부모형제처럼 혈연으로 맺어져 떼려야 뗄 수 없는 관계도 있다. 하지만 아무리 배우자나 혈연관계라 하더라도 악연이다 싶을 경우도 있고, 그렇지 않다 해도 대해야 되는 격이 다른 건 사실이다. 그렇다고 친구라 해서 격이 없다는 얘기는 아니다. 어쩌면 가장 격을 다해야 되는 게 친구관계인지도 모른다. 그러면서도 또한 가장 허물없고 자신의 속내를 숨김없이 드러낼 수 있는 게 친구이다. 어떤 이야기를 해도, 어떤 모습을 보여도 친구 사이에서는 부끄러움이 없다. 마음을 써주면서도 전혀 티를 내지 않고 모자라면 모자란 대로, 과하면 과한 대로 통하는 게 바로 친구이다.

살아가면서 좋은 친구를 두는 것은 그 어떤 금은보화를 얻음보다 값지다는 말은 누차 들어왔고, 주지의 사실이다. 친구로 인해 생이 달라질 수도 있는 것이다. 배우자나 부모형제와는 또 다른 면에서 그 만큼 중요한 것이다. 살아가면서 서로 의지가 되고, 떨어져 살아도 정신적으로 늘 함께하기 마련인 이름, 친구.

내가 피곤해보였던지 친구는 달맞이고개로 가겠다는 계획을 바꿔 자기 집으로 향했다. 평소의 품성대로 잘 정돈되고 견디어 온 세월의 향기가 배어나오는 집안이고 또한 갤러리이기도 하다. 앉아있으니 내 집이나 다를 바 없이 편안함이 밀려온다. 거기에 친구와 함께라 생각하니 그처럼 넉넉할 수가 없다. 그래, 앞서거니 뒤서거니 세상 떠날 때까지 이렇게 지내는 거다. 속으로 뇌며 친구를 바라보자 내 속말을 알아듣기라도 한 듯 웃음을 짓는다.

≪2014. 5. 23. 경남일보≫

전미야 칼럼집
요리하는 남자들

인쇄일 2015년 12월 10일
발행일 2015년 12월 15일

지은이 전미야
펴낸이 박철수
펴낸곳 도서출판 해암

등록번호 제325-2001-000007호
주소 부산시 중구 백산길 17 삼성빌딩 702호
전화 051)254-2260, 2261
팩스 051)246-1895
메일 haeambook@daum.net

ISBN 978-89-6649-085-1 03810

값 15,000원

*이 도서의 국립중앙도서관 출판예정도서목록(CIP)은 서지정보유통지원시스템 홈페이지 (http://seoji.nl.go.kr)와 국가자료공동목록시스템(http://www.nl.go.kr/kolisnet)에서 이용하실 수 있습니다. (CIP제어번호: CIP2015034003)